LAS 10

DIFERENCIAS

ENTRE EMPLEADOS Y EMPRENDEDORES

LAS

DIFERENCIAS
ENTRE EMPLEADOS Y EMPRENDEDORES

Keith Cameron Smith

Autor de *Las 10 diferencias principales
entre los millonarios y la clase media*

Prólogo de Sharon Lechter

AGUILAR

Las 10 diferencias entre empleados y emprendedores
D. R. © Keith Cameron Smith, 2013

© De esta edición:
D. R. © Santillana Ediciones Generales, S. A. de C. V.
      Av. Río Mixcoac No. 274, Col. Acacias
      C. P. 03240, México, D. F.
      Teléfono (52 55) 54 20 75 30

Primera edición: marzo de 2013
ISBN: 978-607-11-2413-5

Traducción: Vicente Herrasti
Diseño de cubierta: Víctor Ortiz
Diseño de interiores: Fernando Ruiz Zaragoza

Impreso en México

PRISA EDICIONES

ÍNDICE

PRÓLOGO

por Sharon Lechter

Cuando se trata de dinero, he descubierto que la diferencia más importante entre los ricos y los pobres se encuentra en la mentalidad. De hecho, yo diría que, como medida del futuro financiero, la mentalidad puede ser más importante que la cuenta bancaria. Una persona rica con una mentalidad pobre tiene mayores probabilidades de perder su riqueza. En contraste, muchas personas que hoy son ricas comenzaron siendo muy pobres, sin fortuna material pero teniendo el deseo de enriquecerse, y entrenándose para tener una mentalidad de rico. Con esa mentalidad, saben que, incluso en caso de tener reveses financieros, es posible recuperar su fortuna. Comprenden la importancia de la mentalidad emprendedora.

Tienes en las manos un libro que puede darte una ventaja considerable en el camino de convertirte en empresario exitoso. Las ideas que Keith presenta son poderosas y prácticas. Él comparte nociones y perspectivas frescas, provenientes de sus experiencias de vida, mismas que son congruentes con lo que he enseñado a lo largo de mi vida. Fue Napoleon Hill, el autor de *Think and Grow Rich*, quien dijo: "Cualquier cosa que la mente pueda concebir y creer, se puede lograr. El hombre, por sí mismo, puede soñar y hacer que sus sueños se hagan realidad". Hill también sabía que el poder de la mente se fortalece al aprender de la adversidad y superar el temor. He tenido el honor de trabajar con la Fundación Napoleon Hill en mis últimos libros, *Three Feet from Gold* y *Outwitting the Devil*, donde comparto cómo descubrir tu propia "ecuación del éxito", convirtiendo el temor en fe, para lograr aquello que mereces.

En este libro, Keith aborda y destaca las diferencias de mentalidad que permiten a un emprendedor generar éxito (financiero y personal). No importa si aspiras a ser un emprendedor o si ya tienes un negocio exitoso, estas diferencias te permitirán tener (o mantener) tu éxito, así como lograr la plenitud en este viaje. Si eres empleado, conocer las diferencias te permitirá pensar y actuar como empresario, lo que te dará un valor agregado en tu empresa, o el impulso para lanzarte a una nueva aventura. Asimismo, las ideas de Keith se convertirán en las herramientas necesarias para trabajar exitosamente con los demás. Los emprendedores exitosos comprenden que todo negocio se vincula de forma directa con la gente, y que aprender a relacionarse y comunicarse con los demás es una habilidad que resulta indispensable desarrollar.

Estas diferencias pueden ofrecerte una ventaja en la vida profesional, y también pueden revelarte grandes ideas sobre cómo mejorar tu vida personal. Un verdadero emprendedor añade valor al mundo y, al hacerlo, crea un negocio exitoso. A lo largo del camino, este mismo empresario encontrará recompensas equivalentes o mayores incluso en el ámbito de la vida privada. Las diferencias que este libro enumera te darán la capacidad de mejorar cada área de tu vida.

Keith tiene el don de relacionarse y comunicarse con la gente de manera que inspira, y lleva a cada individuo a creer en sí mismo y a actuar. Conforme leas este libro, experimentarás ese don. Esperamos que pueda brindarte una visión más clara de tu propia vida y una mejor comprensión de cómo lograr el éxito y la libertad que mereces.

Deseo que seas bendecido con el éxito.

SHARON LECHTER

Además de ser autora de libros que registran grandes ventas, Sharon Lechter es contadora pública titulada, empresaria, conferencista internacional y una madre y abuela orgullosa. También es oradora para la AICPA, en cuestiones de educación financiera. Fue miembro del primer Consejo de Asesoría Presidencial para la Educación Financiera, y fundadora de Pay Your Family First. Sus últimos libros, publicados en coedición con la Fundación Napoleon Hill, se titulan *Three Feet from Gold Outwitting the Devil*. También está disponible su premiado juego de mesa sobre el dinero y la realidad, llamado "Thrive Time for Teens". Es coautora del *bestseller* internacional *Padre rico, padre pobre*.

PREFACIO

Desde que escribí *Las 10 principales diferencias entre los millonarios y la clase media,* he seguido aprendiendo algunas lecciones valiosas sobre los negocios y la vida. Así surgió este libro, deseaba compartir algunas de las ideas y nuevas perspectivas de los últimos años. Este libro revela más historias de mis éxitos y fracasos, mismas que no habían sido incluidas en mis libros anteriores.

He sido empresario durante las últimas dos décadas, y he experimentado algunos éxitos. También he tenido experiencias que, en su momento, parecieron terribles fracasos. Sin embargo, las lecciones aprendidas de estos fracasos, finalmente, me condujeron a mayores éxitos. Las lecciones que puedes extraer de los fracasos son extremadamente valiosas, y para capitalizarlas y poder transformarlas en algo positivo, necesitas estar dispuesto a aceptar la responsabilidad por tus experiencias y decisiones.

El conocimiento que has obtenido en el pasado conforma el poder que requieres para crear tu futuro. De cualquier modo, no aprenderás de tus fracasos si culpas a otros, si te quejas o si tratas de justificar por qué no te salieron las cosas. Para convertirte en un empresario exitoso, debes moverte hacia adelante, hacia el futuro que deseas. Culpar, quejarse y tratar de justificarte te mantiene atascado en el pasado. Una de las diferencias de este libro, incluye una historia personal sobre el mayor fracaso corporativo que he experimentado y sobre las lecciones importantes que obtuve a partir de esta experiencia. La comparto porque creo que, si quieres impresionar a alguien le hablarás de tus éxitos, pero si quieres impactar a alguien le hablarás de tus fracasos. Escribí este libro porque quiero impactarte.

Existen otras tres razones por las que escribí este libro, desarrollando así esta serie: responsabilidad, propósito y legado. Creo que todos tenemos una responsabilidad de compartir las cosas que producen resultados positivos en nuestras vidas. Yo experimento un gran sentido del propósito cada vez que enseño estas diferencias en diversos lugares alrededor del mundo. Y veo estos libros como parte de mi legado, especialmente para mis hijos. Algunos de mis libros preferidos fueron escritos hace más de cien años. Es fascinante pensar que alguien podría estar leyendo, disfrutando y beneficiándose de este libro un siglo después. Creo firmemente que estas distinciones entre los emprendedores y los empleados son atemporales. Son tan relevantes hoy como lo eran hace cien años, y serán igualmente relevantes dentro de cien años. Lee, disfruta y obtén los beneficios de estas diferencias, te ayudarán a convertirte en un emprendedor exitoso.

LAS 10 DIFERENCIAS ENTRE EMPLEADOS Y EMPRENDEDORES

10

LOS EMPRENDEDORES SE EDUCAN MÁS DE LO QUE SE ENTRETIENEN. LOS EMPLEADOS SE ENTRETIENEN MÁS DE LO QUE SE EDUCAN

La mejor educación que pueden obtener los emprendedores es la que proviene de la experiencia. La experiencia es la escuela de los empresarios exitosos. Provee un currículum que ningún plan de estudios académico tradicional puede siquiera comenzar a entender. La experiencia enseña a las personas a educarse continuamente, a tener una perspectiva fecunda del fracaso, a encontrar soluciones, a conocer un poco sobre muchas temas, a elogiar y corregir a los demás, a decir: "Hasta aquí con los pretextos", a conformar riqueza, a pensar en el futuro y a asumir riesgos con base en la fe.

En la escuela de la experiencia, los maestros quieren que sus estudiantes tengan éxito, por lo que no ofrecen atajos. Algunos de los maestros de la escuela de la experiencia se llaman Fracaso, Rechazo, Pérdida, Actitud, Mentalidad, Perdón, Perseverancia, Pobreza y Prosperidad. La experiencia no permitirá que los estudiantes abandonen un curso porque es difícil. Si un estudiante abandona una clase antes de que termine, ese estudiante debe volver a la clase y pasar la prueba antes de asistir a la ceremonia de graduación (Éxito). Cada una de las diferencias contenidas en este libro, constituye una de las más importantes lecciones que la escuela de la experiencia enseña a los emprendedores.

El sistema escolar tradicional del mundo corporativo enseña a las personas cómo ser empleados, pero no cómo ser empresarios; este sistema se llama *status quo*. Entrena y condiciona a la gente para pensar en el dinero y el éxito desde una perspectiva muy limitada. Lo hace diciéndole qué debe aprender y exigiendo que obedezca las reglas sin cuestionar. En la escuela de la experiencia, los emprendedores eligen qué quieren aprender y pueden formular la pregunta que quieran sin temor a ser reprimidos o castigados. Los empresarios exitosos se preguntan qué desean hacer en realidad con sus vidas, y formulan a otros las preguntas necesarias para tener éxito en el ámbito elegido. El sistema escolar tradicional no enseña a la gente cómo ser un empresario exitoso. Claro está: en la escuela primaria se pregunta a los chicos qué desean ser cuando crezcan, pero las respuestas que ofrecen se relacionan con ser empleados, porque eso es lo que les enseñan. La mayoría, responden que quieren ser policías, bomberos, pilotos, maestros, médicos, veterinarios, atletas. Se les dice a los niños, una y otra vez, que deben ir a la universidad si quieren tener un buen empleo.

Un buen empleo significa ser un buen empleado. No tiene nada de malo ser un buen empleado si eso es lo que se quiere hacer, pero también existe la opción de convertirse en un empresario exitoso. No puedes aprender a ser un empresario exitoso en el sistema escolar tradicional.

Algo extraño sucede a los niños desde los primeros hasta los últimos años de la enseñanza tradicional. Al principio, tienen una idea de lo que quieren ser, pero cuando llegan al final de la preparatoria, ya no lo saben.

Pregunta a la mayoría de los estudiantes preparatorianos por qué van a asistir a la universidad, y la mayoría te responderá con una mirada hueca. ¿Por qué la mayoría de los chicos y chicas que están en el sistema educativo tradicional tienen una idea de lo que quieren ser cuando son jóvenes, sin tenerla ya diez años más tarde? Me parece que la respuesta es que han sido entrenados para obedecer órdenes. Tras años de recibir instrucciones, se les pregunta qué les gustaría hacer y no lo saben. No podemos culparlos. Y dado que no tienen claro qué quieren hacer, asisten a la universidad. Invierten años de su tiempo y una gran cantidad de dinero para, a fin de cuentas, no usar su educación universitaria, terminando en un campo de acción que nada tiene que ver con lo que estudiaron. Algunos incluso afirman que desperdiciaron una enorme cantidad de tiempo y recursos al asistir a la universidad. Yo no fui a la universidad. Bueno, sí asistí dos semanas, pero luego me salí y me puse a trabajar como gerente de una tienda de ropa para hombres, porque me parecía que podía aprender más sobre los negocios al trabajar en una empresa, y no escuchando sobre la empresa en la escuela. Tenía razón: las lecciones que me dio la experiencia fueron poderosas y duraderas. En el sistema educativo tradicional se nos ofrece una perspectiva muy limitada de la vida. Se nos dice que así funciona el mundo, y nos lo dicen personas que pueden o no haber seguido sus objetivos, con o sin pasión. No pretendo atacar el sistema educativo tradicional —yo pertenecí a éste desde el jardín de niños hasta el duodécimo grado, y terminé por graduarme. Conforme crecí, tuve maestros destacados que enseñaban por tener una pasión por su profesión y que realmente amaban a los muchachos —pero en retrospectiva queda claro que muchos maestros trabajaban ahí sólo para obtener su cheque. En mi caso, pocas cosas son peores que hacer un trabajo sólo por el dinero. Todos tenemos la necesidad de trabajar en cosas significativas. Si tu trabajo significa poco para ti, existen buenas posibilidades de que tu vida carezca de significado. Si tu trabajo conforma una parte importante de tu vida, el resultado es que tu calidad de vida se relaciona directamente con las decisiones laborales. Como reza el dicho: "Si piensas ascender por la escalera corporativa, asegúrate de que esta escalera esté apoyada en el muro correcto". En otras palabras, si no disfrutas lo que haces, cambia de trabajo.

La mayoría de la gente pasa la vida obedeciendo órdenes. Todo empieza con nuestros padres, sigue con los maestros y, en muchos casos, continúa por el resto de la vida con los jefes. La ironía consiste en que a muchos no les gusta que les digan qué hacer. El problema de fondo radica en que es necesario que se les indique qué hacer, puesto que han sido completamente condicionados para seguir órdenes.

La buena noticia es que, sin importar el sistema educativo tradicional y el condicionamiento mental, puedes volver a condicionar tu mente. Comienza a hacerlo educándote en un área que en verdad disfrutes. Estudiar materias que te inspiran es clave para ser exitoso y pleno.

Mi vida comenzó a cambiar para bien el día en que comprendí que era responsable de mi educación. Hasta ese momento, los demás me habían indicado qué aprender, pero desde entonces yo elijo en qué invierto mi tiempo y qué deseo saber. Si permitimos que los demás decidan por nosotros, y si sus elecciones no coinciden con nuestros anhelos e intereses, sentiremos que la vida carece de propósito y sentido.

Si perteneciste al sistema educativo tradicional, te enseñaron a cerrar el libro cuando era hora de presentar un examen. Esta forma de hacer las cosas es muy extraña si se toma en cuenta que, en el mundo real de la experiencia, la vida es un examen a libro abierto. Puedes hallar todas las respuestas que necesitas para tener éxito al educarte permanentemente. El éxito no sólo tiene que ver con qué sabes o quiénes son tus conocidos, también consiste en elegir correctamente qué deseas aprender. Eso te llevará hacia las personas indicadas y a las puertas de las oportunidades. Asegúrate de educarte más de lo que te entretienes. Aprende sobre ti mismo y, después, de los intereses de las personas con quienes trabajas o deseas trabajar.

Limita tu diversión, tu entretenimiento, pues la mayoría de cosas que haces para entretenerte son una tontería. Sí, puede ser divertido liberarte momentáneamente de las presiones de la vida, pero buena parte de ese tiempo mal utilizado es una fuente de estrés posterior. El futuro que tendrás depende de aquello a lo que dedicas tu mente.

"Entretenimiento" significa "dilatar la entrada", y la mayoría de las actividades consideradas en esta categoría hacen eso: evitar que entres y te vincules por completo con la vida. Cuando busques entretenerte, sé selectivo y opta por aquello que te inspire. Mira películas basadas en hechos reales que te motiven a actuar. Imagina cuánto te acercarías a tus sueños si te entretuvieras menos y te educaras más. ¿Valen la pena tus sueños? Claro que sí. ¿Cuánto aprenderías en el próximo año si conviertes el tiempo dedicado a ver televisión en tiempo para educarte? ¿Cuánto te ayudaría ese nuevo conocimiento para mejorar tu nivel y calidad de vida? Recuerda: tu educación es tu responsabilidad.

Me sorprende darme cuenta de que la mayoría de las personas no se han detenido a pensar qué les gustaría hacer con su vida. Yo elegí escribir libros y dar cursos para que la gente tenga éxito y se concentre en el trabajo que ama hacer. Y para concentrarte es necesario conocerte. ¿Qué te gusta? ¿Qué te disgusta? ¿Cuáles son tus fortalezas y debilidades? ¿Cuáles son las características de tu personalidad? ¿Qué disfrutas hacer?

Si nunca te has realizado un perfil de personalidad, piensa en hacerlo pronto —se trata de un proceso disfrutable y significativo. Si ya lo has hecho, inténtalo nuevamente y analiza con mayor profundidad. Existen buenas pruebas de personalidad a tu disposición, pero la más sencilla y poderosa que he encontrado se basa en el modelo DISC. Existen cuatro tipos dominantes de personalidad y muchas combinaciones. En el modelo DISC, la D corresponde a las personas que asumen riesgos, que toman decisiones, que se orientan a metas definidas y que son dominantes. La I corresponde a la gente graciosa, que inspira y que ama reír y hacer que los demás rían con ellos. La S es para quienes gustan de la seguridad, para los que tienen fe, son trabajadores, sinceros y confiables. La C es para los calculadores, los que gustan de la exactitud, los que planean las cosas en nuestra sociedad.

He aquí un ejemplo de cada personalidad: imagina que una casa debe ser remodelada. Un D diría algo como: "De acuerdo, debemos tirar esta pared y quitar esas tuberías. Hagámoslo". Un I diría: "Yo traigo la pizza y pongo la música. ¿Cuántos seremos?". Un S diría: "¿Para qué soy bueno? Díganme qué hacer"; también serán quienes estén allí a altas horas de la noche, pintando el extremo del pasillo linterna en mano. Un C diría: "¿Tenemos los permisos para hacer todo esto?".

Probablemente te identifiques como D, I, S o C a partir de estos ejemplos. Cada personalidad conlleva sus fortalezas y debilidades, y aprender sobre las tuyas y las de los otros es fundamental para tener éxito. Todos tenemos necesidades distintas. Al aprender más sobre ti mismo y sobre aquello que satisface tus necesidades puedes involucrarte conscientemente en un trabajo que te llene. Al aprender sobre los demás tipos de personalidad podrás identificar a los otros. Cuando eres capaz de identificar la personalidad de los demás, eres capaz de hablar su lenguaje y de satisfacer sus necesidades. Cuando hablas el lenguaje de la gente y satisfaces sus necesidades, te conviertes en líder. Los emprendedores se entienden a sí mismos y a los demás. ¿Sabes qué te impulsa? Los empresarios exitosos conocen bien sus fortalezas y debilidades. Los que no las conocen siempre deberán recibir instrucciones. Los que desarrollan intuición y aprenden a comprender y relacionarse con los otros, pueden convertirse en emprendedores exitosos.

Una de las virtudes de los grandes empresarios consiste en la capacidad para tejer redes y construir relaciones. Claro que esto es más fácil para unos que para otros pero, sin importar la personalidad, cualquiera puede aprender a tejer buenas relaciones.

Todos hemos escuchado el dicho: "No se trata de qué conoces, sino de a quién conoces". Algo de verdad hay en esto, pero sería más preciso decir: "Se trata de qué conoces y de a quién conoces". Los emprendedores mejoran constantemente su capacidad de establecer relaciones. Convierten esto en una prioridad para aumentar el conocimiento de la gente con que desean relacionarse. ¿Con quién deseas relacionarte? ¿Qué tanto sabes de sus intereses? Es necesario conocer los intereses de las personas con quienes deseas relacionarte. Si no existen elementos en común, lo más probable es que no logres establecer un vínculo.

Mi consejo para las personas que desean convertirse en empresarios exitosos es comenzar por educarse a sí mismos y por aprender a establecer mejores relaciones.

Otro tema importante en una relación empresarial exitosa es el liderazgo. La empresa y el liderazgo van mano a mano. El liderazgo es influencia. Los emprendedores exitosos son quienes han aprendido a influir en los demás. Los empresarios fracasados son aquellos que no aprendieron a liderar. Debes estudiar y poner en práctica los principios del liderazgo si quieres convertirte en empresario exitoso. Aunque existen varios principios, me concentraré en los dos que me parecen más trascendentes: conforme me he educado y he experimentado éxito y fracaso empresarial, me ha quedado claro que debes aprender a inspirar y alentar a los demás y a ti mismo.

LA INSPIRACIÓN

La inspiración es el resultado de tener ideas positivas sobre ti mismo, sobre las personas, las oportunidades y el trabajo al que te dedicas. Proviene de pensar en las labores de empresa con actitud positiva, sabiendo que puedes tener y tendrás éxito. Uno de los secretos para inspirar a los demás es tener la capacidad de mantenerte inspirado. El verdadero liderazgo comienza con ser líder de uno mismo. Si no puedes mantenerte inspirado, no podrás inspirar a otros. La inspiración ayuda a que los emprendedores se concentren en sus metas y a que actúen para alcanzarlas. Los emprendedores exitosos son capaces de mantener la concentración y de actuar porque creen que lo que hacen es importante, no sólo para ellos, sino para los demás. Los verdaderos líderes inspiran para que otros crean que pueden lograr sus metas, y para que crean que esas metas son importantes también para otras personas. Todos disfrutamos ser parte de algo importante, de algo significativo, de algo mayor que nosotros mismos. Es más fácil inspirar a los demás si te dedicas a hacer un trabajo que es importante para ti, un trabajo que tiene un impacto positivo en la vida de los demás.

Los empresarios exitosos hacen que otros crean que sus productos y servicios son tan importantes, como para que la vida de las personas mejore gracias a ellos. Si en verdad crees en lo que haces y promueves, el poder de la inspiración te ayudará a superar los inevitables tiempos difíciles, las luchas y los fracasos. Si no se tiene inspiración es extremadamente difícil lograr el éxito. El éxito requiere de trabajo, de mucho trabajo, y la inspiración es justo eso que te hará seguir adelante cuando sientes que estás a punto de darte por vencido. Einstein dijo que el genio se compone de uno por ciento de inspiración y de 99 por ciento de transpiración. Me gustaría añadir que ese uno por ciento de inspiración es el que hace posible que exista el 99 por ciento de transpiración. La gente no trabajará por mucho tiempo ni suficientemente duro para logra un objetivo significativo si no está inspirada. Si aprendes a mantenerte inspirado, estarás educándote para inspirar a los demás. Cuando los emprendedores se mantienen inspirados a sí mismos y a otros, es cuando se crea un éxito mayor.

ALENTAR

Alentar se relaciona estrechamente con la inspiración. De hecho, es común que una se alimente de la otra; sin embargo, son diferentes. La inspiración suele ayudar a que la gente comience a hacer algo, en tanto que el aliento ayuda a que la gente siga adelante. La inspiración es un sentimiento más íntimo; el aliento es más una acción externa, ya se trate de una sonrisa, de una palmada o de una frase sincera que diga a alguien que puede hacer las cosas o que puede volver al camino correcto tras un contratiempo. Buena parte del aliento se da por medio de nuestras palabras. En ocasiones, decir a alguien que se tiene fe en él basta para que tenga éxito. Muchas personas fracasan por falta de aliento en su vida. Muchos habrían logrado tener éxito si hubieran sido alentados. No permitas que esta sencilla verdad se te pase de largo. Alentar a alguien puede cambiar su actitud, lo que cambiará sus actos y, en última instancia, cambiará los resultados. El aliento cambia todo. Si logras convertirlo en parte regular de tu vida diaria, obtendrás enormes beneficios.

Lo mismo que con la inspiración, si no mantienes el aliento es imposible alentar a los demás. No se debe subestimar el papel que desempeña alentar en la vida de un empresario; es una actitud esencial porque todos nos sentimos desalentados en ocasiones, especialmente cuando las cosas no funcionan según nuestros planes. El desaliento es el enemigo del éxito. Si aprendes a alentarte a ti y a los demás, lograrás perseverar y superar los obstáculos que se interponen en tu camino. No esperes para alentar a otros. Hazlo hoy y hazlo tanto como puedas. No esperes a que alguien te brinde aliento; aprende a alentarte tú mismo. Los empresarios exitosos se hacen buenos para alentar porque hacen esto consigo mismos constantemente. Cuando te sientas desalentado, es tu responsabilidad recobrar el aliento para seguir actuando en pos de tus metas. Estar desalentado sólo significa que has perdido la concentración o cambiado el foco de tu atención, pasando por alto lo verdaderamente importante, para centrarte en algo o alguien que dificulta tu progreso y retrasa el logro del éxito. Una de las mejores maneras para retomar la actitud correcta es volver a enfocarte en las prioridades esenciales. Todos perdemos la concentración y, cuando esto sucede, es nuestra responsabilidad retomar el enfoque adecuado. Es lo que suele hacer la diferencia entre el éxito y el fracaso empresarial. Cuando pierdes el enfoque de las cosas, debes aprender a recuperarlo. Cuando aprendes a concentrarte en lo más importante para ti, mantienes el aliento y puedes alentar a los demás. Edúcate en relación con el tema del liderazgo. Aprende a liderar con la inspiración y el aliento. Al hacerlo, estarás en camino de ser un emprendedor exitoso.

Los emprendedores se educan más de lo que se entretienen.

Los empleados se entretienen más de lo que se educan.

9

LOS EMPRENDEDORES TIENEN UNA PERSPECTIVA PODEROSA DEL FRACASO. LOS EMPLEADOS VEN EL FRACASO COMO ALGO NEGATIVO

Hace varios años descubrí que se rentaba un edificio en mi ciudad natal. Se trataba de un inmueble ubicado en una esquina de la segunda intersección de mayor tráfico en la ciudad; por su ubicación, pensé que el local sería ideal para una cafetería y un expendio de licuados de fruta. Comencé a investigar sobre franquicias y, tras hallar a un socio que se encargara de la operación cotidiana, comenzamos el proceso de abrir el negocio.

Como sucede con la mayoría de las cosas en la vida, no todo salió de acuerdo con lo planeado. Pensábamos que la tienda estaría lista para abrir al público en tres o cuatro meses, pero tuvimos que enfrentar un retraso tras otro, lo que se tradujo en gasto tras gasto. Al final, no abrimos las puertas del negocio en ocho meses. Se requirió más del doble del tiempo calculado, y el doble del capital.

Los problemas no terminaron ahí. Tuvimos más contratiempos después de abrir, y el negocio pronto cayó en números rojos, sin recuperarse hasta que, finalmente, decidí cerrar dieciocho meses más tarde. Invertí 250 000 dólares para alistar la tienda y tuve que gastar 50 000 más para poder cancelar el contrato de arrendamiento del local y de los equipos. En suma, perdí más de 300 000 dólares y muchísimo tiempo. No fue una época divertida. Educativa, sí, ¡pero no divertida!

Pasé muchos meses culpando a mi socio y quejándome, concentrándome todo el tiempo en las cosas que él hizo mal. No obstante, después de un periodo de meditación, comprendí que debía responsabilizarme por el resultado final. Por todos los aspectos del resultado. Así que abracé al fracaso y aprendí lecciones valiosas.

EL FRACASO ES RETROALIMENTACIÓN

El sistema educativo tradicional entrena a los niños para que cierren los libros y no pidan ayuda durante los exámenes. Se les califica con una escala que va del éxito al fracaso. En el camino, también se entrena a los niños para pensar que el fracaso es malo. En realidad, el fracaso sólo es retroalimentación. El fracaso es nuestra forma de aprender y crecer. Nos muestra en dónde necesitamos corregir. Sin embargo, para la mayoría de la gente, el fracaso no es corrección sino rechazo.

Nunca tomes el fracaso como un asunto personal. Una idea que me ha servido bien durante mucho tiempo es que "fracasar" es un verbo, no un sustantivo. El fracaso es algo que haces, no algo que eres. Todos hemos fracasado en el pasado y lo haremos en el futuro, muchas veces. Es parte de la vida. El fracaso es la oportunidad de comenzar una vez más, renovados y de mejor manera. Los empresarios exitosos saben que el fracaso es inevitable y educativo.

Las lecciones que puedes obtener del fracaso son más valiosas y poderosas que las obtenidas al leer un libro. El fracaso es retroalimentación proveniente del mundo real, y uno de los grandes beneficios que puedes obtener de esa retroalimentación es saber que actuaste. Si no estás experimentando el fracaso, probablemente no estás tomando riesgos. Enorgullécete cuando fracases, porque significa que pusiste manos a la obra. Creaste un resultado. Impactaste al mundo. Solázate en el hecho de que, sin importar si el resultado fue positivo o negativo, marcaste una diferencia por medio de tus acciones e hiciste la diferencia a través de tus actos, creando una experiencia de la que puedes aprender.

Después, pregúntate: "¿Cuál es la lección más importante que puedo aprender de esto?". Por lo regular, existe una lección clave que cada fracaso nos enseña, además de lecciones menores de las que también podemos aprender. Aprende a sacar jugo de tus fracasos para obtener lecciones, cual si se tratara de naranjas a las que exprimes el jugo. Sácales todo lo que puedas.

Conforme mi negocio de cafetería comenzó a revelarse, asumí 50 por ciento de la responsabilidad del fracaso y culpé a mi socio por la otra mitad. Parecía lógico —después de todo, éramos socios. Pero pasado cierto tiempo seguía sintiéndome enojado y algo deprimido a consecuencia del fracaso, por lo que decidí asumir más responsabilidad. "Bien", me dije, "asumo 75 por ciento de la responsabilidad. Sólo 25 por ciento del fracaso corresponde a mi socio". Me sentí un poco mejor, pero en el fondo seguía enojado. Pasado casi un año del cierre del negocio, caminaba con mi esposa cuando le dije: "¿Sabes? Creo que ya estoy dispuesto a asumir 90 por ciento de la responsabilidad de ese fracaso".

Mi esposa, Dios la bendiga, dijo: "Bien, cuando asumas el cien por ciento podrás superarlo".

Me quedé mudo (lo que no sucede muy seguido). ¿Cómo se atrevía? Estaba un tanto enojado, pero en el fondo sabía que tenía razón, por lo que hice lo que tenía que hacer: lo acepté. En ese momento asumí cien por ciento de la responsabilidad e instantáneamente sucedió algo sorprendente y misterioso: un peso invisible dejó de presionarme. Mi energía aumentó, y tuve una sensación de libertad y felicidad que hacía rato no experimentaba.

A lo largo del año posterior al fracaso, seguí preguntándome: "¿Qué puedo aprender de esto?" Las respuestas no llegaron entonces porque aún tenía algo de ira y seguía culpando a mi socio por el fracaso, y siempre que continuara en esa sintonía nada sucedería. Ésta es una lección valiosa: mientras culpes y te quejes nada cambiará, pero cuando asumas cien por ciento de la responsabilidad por tus resultados, comenzarás a encontrar valiosas lecciones en tus fracasos. Hay dos lecciones principales que aprendí cuando dejé de culpar a mi compañero por el fracaso de la cafetería.

La primera fue asumir la responsabilidad (al cien por ciento). Era mi dinero y yo elegí asumir el riesgo de abrir el negocio. Yo elegí a quién hacer socio.

Elegí dar a mi socio demasiado control sobre ese negocio. Siendo justo con él, me parece que hizo su mejor esfuerzo dadas las circunstancias particulares. Su experiencia previa no contemplaba el trabajo empresarial, y su pasado no lo había preparado para lo que yo deseaba que él hiciera. Con el beneficio de conocer el desenlace, ahora puedo decir que desearía haberme comunicado mejor, perseverado y aprender así a hacer rentable el negocio pero, en última instancia, nada de eso importa.

Los emprendedores deben asumir la responsabilidad de sus fracasos. No pueden culpar, quejarse y justificar si han de aprender del fracaso y usarlo para mejorar, fortalecerse y volverse más sabios. Los empresarios deben buscar y encontrar las respuestas que necesitan. No es saludable mantenerse enojado y culpar a los demás por el fracaso. Los empresarios deben aprender a liberarse de la culpa.

Los empleados pueden culpar, quejarse y renunciar cuando las cosas se ponen difíciles. Los emprendedores deben permanecer fuertes y tratar de ser más sólidos al superar los fracasos de la vida. Puede que esos fracasos no sean fáciles de asumir, pero conforme aprendes a aceptarlos y aprendes de ellos, te fortalecerás y tendrás mayor confianza.

La segunda lección poderosa que aprendí del fracaso fue que debía comunicarme mejor. Tuve que asumir la responsabilidad de no haberme comunicado efectivamente. Fracasé al comunicar mis expectativas claramente a mi compañero y él falló en comunicarse conmigo. Muchos fracasos se deben a malos entendidos y éstos son sólo resultado de una comunicación pobre. Una comunicación abierta y honesta, es una habilidad que los buenos empresarios practican constantemente. Cuando se fracasa al comunicar, se está en el camino de vivir en el fracaso, mientras que aprender a comunicar lleva al éxito. Aprendemos por medio de la práctica, así que necesitas practicar la comunicación todos los días.

Los emprendedores exitosos cultivan constantemente la habilidad de comunicarse. Aprender a comunicar un mensaje con claridad, de manera que otros puedan comprenderlo fácilmente, es una habilidad que puedes desarrollar. Se trata de un asunto que casi todos los millonarios han practicado y pulido. La comunicación clara llega cuando se piensa con claridad. Si tus ideas no están definidas, será muy difícil comunicar un mensaje claro. Al tener en la mente una visión nítida, tus palabras serán claras y congruentes. Para algunos es más fácil comunicar sus pensamientos que para otros. A este tipo de personas se les conoce como "comunicadores dotados", pero esto es algo que se puede aprender y desarrollar.

Así, la comunicación es un tema fundamental que los aspirantes a empresario deben estudiar y practicar. Muchos fracasos en los negocios (y en la vida personal) pueden ser rastreados hasta el origen y, seguramente, encontraríamos que está determinado por un error de comunicación o, peor aún, por la incomunicación. Para aprender sobre comunicación efectiva, recomiendo un libro escrito por mi mentor, Nido Qubein, *Cómo ser un gran comunicador*.

El fracaso es parte de la vida, especialmente si se trata de la vida de alguien que aspira a ser un emprendedor exitoso. Siempre recuerda que el fracaso no es un enemigo. El fracaso es tu amigo. Se trata de uno de los muchos maestros de la vida. Cuando comienzas a ver el fracaso como algo positivo, descubres los beneficios que ofrece. No podrás ver los beneficios si sigues percibiéndolo como algo negativo. Piensa en el fracaso como algo bueno y empezarás a aprender y a crecer. Los empleados sin éxito ven el fracaso como algo malo y esa perspectiva los deja impotentes para lograr el éxito. Tus perspectivas producen tus resultados. Si deseas obtener como resultado "éxito", necesitas trabajar en el desarrollo de una perspectiva productiva del fracaso. Los empresarios más exitosos que conozco han fracasado muchas, muchas veces. Yo he fallado incontables ocasiones, pero las lecciones aprendidas han sido determinantes en los éxitos que he conseguido. Si buscas lecciones valiosas en tus fracasos, descubrirás que te enseñan exactamente lo que necesitas saber para ganar.

> *Los emprendedores tienen una perspectiva poderosa del fracaso.*

> *Los empleados ven el fracaso como algo negativo.*

LOS EMPRENDEDORES ENCUENTRAN SOLUCIONES. LOS EMPLEADOS SOLUCIONAN PROBLEMAS

¿**H**as pasado tiempo "solucionando un problema" sólo para descubrir que debes resolver el mismo problema días, semanas o meses después? Cuando "solucionas" los problemas, lo que en realidad haces es buscar una solución fácil para poder volver a una rutina conocida. Cuando "encuentras soluciones", arreglas un problema de modo que no vuelva a presentarse.

Los solucionadores de problemas son miopes. No piensan en términos de eliminar los problemas para que no resurjan, y los empleados tienden a ser solucionadores de problemas. Cuando ocurre un problema imprevisto en la capacitación, no piensan que es su responsabilidad solucionarlo. Por otra parte, los emprendedores saben que, cuando surge un problema, es su responsabilidad encontrar una solución definitiva, de modo que no tengan que invertir tiempo y dinero para resolver el mismo problema en el futuro. Los empresarios exitosos buscan resolver un problema de forma definitiva, o encontrar una solución a largo plazo.

Encontrar soluciones es más difícil que resolver problemas porque requiere acciones determinantes. Así, una de las diferencias esenciales entre los solucionadores de problemas y los buscadores de soluciones es la cantidad de tiempo que cada individuo invierte en la tarea. Un empleado con la mentalidad del solucionador de problemas buscará remedio momentáneo y pasará la responsabilidad a otro. Luego, ese otro deberá abandonar sus actividades para ocuparse del problema. Si esa persona también tiene mentalidad de solucionador de problemas "tratará" de resolverlo, y si no lo logra, lo pasará a alguien más.

Esta cadena puede extenderse hasta convertirse en un ciclo interminable que no resuelve la cuestión esencial, y sí genera pérdida de tiempo y recursos. En algún momento, puede suceder que alguien aporte una solución temporal; pero como no se ha eliminado el problema, tarde o temprano el ciclo continuará.

Desarrollar la mentalidad del que encuentra soluciones requiere un compromiso de hacer lo necesario, y de "seguir haciéndolo" hasta obtener la solución. Los descubridores de soluciones son tenaces y asumen la responsabilidad por los problemas. En tanto que los empleados poco exitosos suelen decir: "No es mi problema". Para convertirte en un emprendedor exitoso debes abrazar los problemas y asumir la responsabilidad de encontrar soluciones de largo plazo. Los empleados poco exitosos usarán la típica excusa: "No es mi problema", cuando no sepan cómo resolver, o no estén dispuestos a realizar el esfuerzo necesario para encontrar la solución. Los empresarios exitosos operan a partir de una mentalidad tipo: "Aunque no sé cómo resolver ahora este problema, lograré hacerlo sin importar cuánto me tome encontrar la solución o sin importar qué tan difícil sea llegar a ella". Los emprendedores están dispuestos a trabajar duro para encontrar soluciones porque valoran el tiempo.

No quieren perder tiempo en el futuro por un mismo asunto. A muchos empleados que cobran por hora no les interesa ahorrar tiempo, pues consideran que, de cualquier modo, les pagarán. Muchos emprendedores y presidentes ejecutivos compensarían alegremente a los empleados que encuentran soluciones para evitar la pérdida de tiempo a sus empresas. Los empresarios exitosos comprenden que el tiempo es dinero. Si pueden invertir un poco más de tiempo y trabajar duro ahora para encontrar la solución a un problema, siendo que eso ahorrará más tiempo después, entonces vale la pena hacerlo. Encontrar soluciones ahorra tiempo y dinero.

Las diferencias entre la mentalidad que busca soluciones y la del solucionador de problemas, pueden aplicarse a dos áreas principales: los problemas personales y los problemas profesionales.

LOS PROBLEMAS PERSONALES

Tus hábitos conforman tu vida. Tus problemas personales y tus éxitos están directamente relacionados con tus hábitos. Tanto los patrones de pensamiento conscientes como los inconscientes, son responsables de los resultados que tú creas. Si tienes continuos problemas personales, no busques responsabilizar a los demás —busca tu responsabilidad en tus hábitos, especialmente en tus hábitos cotidianos. El origen del éxito y del fracaso en cualquier empresa puede rastrearse hasta los hábitos que configuran tu rutina diaria.

También, debes darte cuenta de que existen cosas que estás acostumbrado a hacer y otras que estás acostumbrado a no hacer. Muchas personas piensan que los hábitos tienen que ver solamente con lo que hacen, pero las cosas que no se hacen también son importantes. De hecho, una fórmula muy simple y poderosa para el éxito consiste en hacer cosas que te aproximan cada vez más a tus metas, y menos de las cosas que te alejan de éstas.

Tu rutina diaria crea o elimina problemas personales. Si no estás avanzando en dirección al éxito, analiza las cosas que haces todos los días, tus hábitos, y advierte qué necesitas cambiar.

No es accidental que muchas personas experimenten los mismos problemas una y otra vez: esto es ejemplo de cómo funcionan los hábitos.

Cambiar tus acciones temporalmente equivaldría a resolver problemas. Cambiar permanentemente tus hábitos equivale a encontrar soluciones. Los descubridores de soluciones desarrollan hábitos que eliminan muchos de sus problemas personales. Se comprometen a trabajar en su mentalidad y sus acciones hasta que obtienen los resultados que desean. Cambiar tus hábitos no es fácil. Si lo fuera, todos serían exitosos y plenos. Los empresarios exitosos están dispuestos a realizar cambios difíciles en su vida personal y profesional para poder obtener resultados positivos. Hacer lo difícil puede ser llamado disciplina. La disciplina diaria, a lo largo del tiempo, crea hábitos positivos que facilitan la vida al eliminar muchos problemas. La disciplina diaria crea y mantiene soluciones para tu vida y tus negocios. El desorden, en cambio, crea y multiplica los problemas de tu vida y negocio. En nuestra vida personal, el término a utilizar para encontrar soluciones es "disciplina"; en la vida profesional, el término es "sistema". Podríamos decir que tus disciplinas diarias son el sistema para operar tu vida personal sin sobresaltos. Si tu vida personal está inmersa en mares tempestuosos en lugar de navegar tranquilamente, entonces las disciplinas diarias te ayudarán a crear hábitos positivos que calmarán la tormenta, o a encontrar soluciones para poder disfrutar el viaje.

LOS PROBLEMAS PROFESIONALES

La mayoría de los problemas profesionales son resultado de una falla del sistema, no de las personas. Un negocio pequeño, un prestador de servicios profesionales, un franquiciatario, una empresa de las más grandes o cualquier otro negocio debe desarrollar sistemas si quiere reducir los problemas y ser más productivo. Los descubridores de soluciones trabajan en el desarrollo de sistemas que producen resultados consistentes. Para encontrar soluciones a los problemas reincidentes, necesitas crear un sistema.

Una vez que se ha creado el sistema, debe ser operado con eficiencia. Si creas un sistema y ves mejores resultados, estás progresando. Si creas un sistema y sigues lidiando con los mismos problemas, debes comenzar de nuevo.

Fíjate en que uso el término "creas". No obstante, puede que estés en un medio o que tengas un empleo donde ya existe un sistema que únicamente necesita actualizarse. Si eres un jefe que está reforzando un sistema para su empresa y comienzan a surgir nuevos problemas, no culpes a la gente de inmediato. Observa el sistema y comprueba si necesita ser ajustado. Si eres un empleado que sigue un sistema y encuentras la forma de mejorarlo, hazlo. Puede que eso sea el boleto para que pases de ser un integrante del equipo a dirigirlo. Si notas que hay problemas persistentes, crea un sistema. Si tu negocio navega por aguas tranquilas por un tiempo y luego comienzan los problemas, actualiza el sistema. Los que encuentran soluciones crean y actualizan sistemas. La belleza de un buen sistema es que provee soluciones de largo plazo a los problemas. Aprende a crear y actualizar sistemas y encontrarás la esencia del descubrimiento de soluciones para los problemas profesionales.

Los emprendedores exitosos comprenden que sus vidas personales y profesionales se afectan e influyen entre sí, y que encontrar soluciones en una, impactará en la otra. Si te comprometes a desarrollar disciplinas diarias en tu vida personal, te ayudará a crear y actualizar sistemas en tu vida profesional, y viceversa. La razón de que esto ocurra es que las disciplinas y los sistemas ayudan a crear paz mental. La paz mental es un estado poderoso que permite que la creatividad fluya. Mientras más capaz seas de crear en casa, más poderoso y creativo serás al encontrar soluciones de tipo laboral; mientras más paz seas capaz de crear en el trabajo, más poderoso y creativo serás al hallar soluciones a los problemas de casa. Desarrollar disciplinas y crear sistemas no es fácil, pero las recompensas y beneficios bien valen el esfuerzo. Los emprendedores exitosos están dispuestos a realizar el duro trabajo hoy para que la vida sea más fácil mañana. Los empleados no exitosos hacen hoy lo más fácil y terminan haciendo que las cosas sean más difíciles después. Desarrolla una mentalidad que te permita hallar soluciones y realiza todo esfuerzo necesario de una vez. Los resultados a largo plazo te harán sonreír.

Los empresarios encuentran soluciones.

Los empleados solucionan problemas.

DIFERENCIA NÚMERO 7

LOS EMPRENDEDORES
SABEN POCO DE MUCHAS
COSAS.
LOS EMPLEADOS SABEN
MUCHO DE POCAS
COSAS

Una vez escuché una historia sobre un presidente ejecutivo que se había reunido con alguien ajeno a su compañía. Durante la reunión, entró un empleado y dijo: "Tenemos un problema. ¡Debemos atenderlo ahora mismo!" El presidente ejecutivo lo miró con calma y dijo: "Recuerda la regla número 5".

El empleado pensó un segundo y luego sonrió, se relajó y dijo: "Bien, la regla número 5. Gracias", y se dio la vuelta saliendo de la habitación. El jefe continuó con la conversación.

A los pocos minutos entró otro empleado y dijo: "Ha surgido algo que requiere su atención inmediata". De nuevo, el presidente lo miró tranquilo y dijo: "Recuerda la regla número 5". El empleado se relajó y dijo: "Oh, sí, la regla número 5. Disculpe. Se me olvidó". Sonrió y salió del cuarto.

Llegado este momento, el visitante pensó para sí: "Wow. Nunca he visto algo así. Debo averiguar cuál es la regla número 5". Una vez más, el presidente siguió con la conversación y fue interrumpido nuevamente por otro empleado que solicitaba su atención urgente. El presidente volvió a referirse a la regla número 5, obteniendo el mismo resultado tranquilizador.

Finalmente, el visitante no logró contenerse. "Nunca he visto algo así", exclamó, "¿cuál es la regla número 5?"

El presidente de la empresa sonrió y dijo: "La regla número 5 es: 'No te tomes demasiado en serio'". El visitante preguntó: "¿Cuántas reglas hay?" El presidente sonrió más ampliamente y respondió: "Sólo una."

El mensaje de la historia es que las cosas rara vez son tan serias como parecen al principio. Mientras los emprendedores poco experimentados van y vienen tratando de apagar incendios, los de mayor experiencia saben que los fuegos suelen extinguirse solos. ¿Por qué? Porque los empresarios saben poco de muchas cosas, y esta visión más amplia, más general, les permite advertir qué es lo realmente importante para así mantener una perspectiva más equilibrada. Los empresarios pueden ver el panorama general, en tanto que los empleados sólo ven su pieza del rompecabezas. Los empleados tienden a pensar que las cosas son más serias de lo que en realidad son, porque sólo saben eso. Saber mucho de pocas cosas puede hacer que consideres que tu parte es más importante de lo que es. Al saber un poco de muchas cosas, comprendes que el papel de todos es importante, pero que ningún papel es tan importante como para que el éxito o el fracaso dependan de éste en exclusiva.

Como empresario, he tenido que comprender los calendarios, las órdenes de compra, la entrega, las relaciones humanas, el control de riesgos, la facturación, las devoluciones, los seguros, la publicidad, el mercadeo, el servicio al cliente, la nómina, los impuestos, las cuestiones legales, el ingreso, el gasto, la contratación, los despidos, ¡y más! En mis días como empleado, sólo tenía que presentarme y ajustarme a las actividades que figuraban en la descripción de mi puesto. Si quieres seguir siendo un empleado por el resto de tu vida, cíñete a la descripción de tu puesto y no te preocupes por aprender nada más. Por otra parte, si quieres convertirte en empresario, debes desarrollar un interés por el panorama general y por cómo funcionan las cosas integralmente. Es sabio aprender un poco de muchas cosas.

Se requiere de un esfuerzo consciente para aprender las muchas facetas que conlleva manejar una empresa —como empresario, siempre hay algo que parece demandar mi atención. Toma tiempo aprender sobre las muchas cosas que necesitas saber para ser un emprendedor exitoso. He sido un emprendedor durante veinte años y sigo aprendiendo cosas nuevas. Tener que saber sobre tanto puede ser abrumador si lo permites, pero si te concentras en el panorama general y aprendes a delegar los asuntos menudos, experimentarás más éxito y menos estrés.

Si algo va mal para un empleado, tienden a pensar que es el fin de su mundo. No es así. Nunca es así. La vida y los negocios siempre siguen adelante. Si optas por aprender más sobre el panorama general podrás poner las cosas en su justa dimensión. Las cosas no suelen ser tan importantes como parecen en principio. No importa qué reto surja, lo más probable es que no se trate del fin del mundo. Los empresarios comprenden que las cosas suelen ir mal y no se preocupan demasiado cuando esto sucede. Atienden el asunto con calma y siguen adelante pensando en el panorama general.

Cuando tenía veintipocos años, era aprendiz de golfista en un prestigioso campo de juego. Recuerdo claramente haber tenido una conversación iluminadora con un profesional. El tema era dejar mi trabajo para conseguir otro con mejor sueldo. Le dije que deseaba comenzar con el nuevo trabajo de inmediato, pero no quería irme sin dejar a nadie que ocupara mi lugar. En lugar de hacerlo, le dije que tenía que avisar con dos semanas de anticipación, si le parecía. Recuerdo que sonrió apenas y dijo: "Keith, por favor no me lo tomes a mal, pero si, Dios no lo permita, salieras de aquí hoy y tuvieras un accidente y no pudieras venir a trabajar mañana, este lugar seguiría funcionando sin ti. Puedes irte cuando estés listo".

Mi mentalidad de empleado se cimbró. Pensaba que mi puesto era una parte tan importante de mi equipo que mi partida era algo serio. Pronto descubrí que, para un emprendedor experimentado y con una perspectiva amplia, muchas cosas no son tan serias como uno creería.

La manera de aprender un poco sobre muchas cosas consiste simplemente en mantener tu mente en expansión constante. Al aprender constantemente cosas nuevas sobre las diversas facetas de un negocio, se obtiene una visión más clara del panorama general. La claridad te ayuda a mantener una perspectiva poderosa de modo que, cuando un problema o fracaso tiene lugar, se está listo para manejarlo. Saber un poco de muchas cosas te permite encontrar soluciones más rápida y fácilmente. Mientras menos sepas, más grandes te parecerán los problemas y más difícil será hallar una solución. Saber poco sobre muchas cosas te permite abordar los problemas y decir: "No es tan importante. He aquí lo que haremos al respecto". Sin embargo, cuando tu conocimiento se limita a una o dos cosas, se suele decir: "¿Qué vamos a hacer con este problema?" La gente que no aumenta sus conocimientos siempre estará limitada en cuanto al éxito que puede obtener.

DIFERENCIA NÚMERO 6

LOS EMPRENDEDORES DAN Y RECIBEN HALAGOS Y CORRECCIONES. LOS EMPLEADOS NO HALAGAN Y EVITAN SER CORREGIDOS

El profesor de karate de mis hijos utiliza una herramienta poderosa para obtener lo mejor de sus estudiantes y de sí mismo. Se llama "HCH", iniciales de Halago, Corrección, Halago.

Más que criticar o corregir errores inmediatamente, cuando el instructor detecta un error, utiliza la estrategia HCH para obtener mejores resultados, halagando o felicitando al alumno por lo hecho para luego corregir el error y luego felicitarlo por la mejoría.

Pongamos por ejemplo una patada. Si un chico patea con poca fuerza, el instructor dirá: "Bien, excelente, lograste que tu pierna se moviera en la dirección correcta. Ahora hagámoslo con más fuerza". Cuando el chico patea con más fuerza, el instructor lo felicita y le dice: "Buen trabajo". Halagar, corregir y volver a halagar.

Esto no sólo funciona bien con los chicos, sino también para el caso de los adultos —según mi experiencia, los adultos no son muy distintos cuando se trata de ser corregidos. ¿Alguna vez has escuchado el viejo adagio que dice que una cucharada de azúcar facilita que la medicina pase? Felicitar es como el azúcar y la corrección es la medicina. A los adultos les gusta recibir halagos tanto como a los niños, y halagar a la gente es un secreto clave para el éxito. Los empresarios exitosos han aprendido a halagar antes de corregir, y luego vuelven a felicitar cuando advierten mejoría.

Los emprendedores comprenden que la corrección no es rechazo, y como emprendedor es importante procurar que los empleados se sientan lo suficientemente seguros como para hacer sugerencias e incluso correcciones. Muchos empleados tratan de evitar la corrección porque la toman como algo personal y se sienten rechazados. En tanto que la corrección por sí misma puede malinterpretarse como un ataque personal, el esquema HCH ayuda a que la gente se sienta aceptada y alentada.

Los emprendedores practican no tomar las cosas como algo personal. Comprendemos que la gente actúa y habla desde su propio condicionamiento mental y emocional, y que un ataque personal tiene poco que ver con nosotros y más que ver con la persona que ataca. Si parece que alguien te ataca, recuerda que está siendo lo que le enseñaron a ser. No lo tomes como algo personal.

DE LAS CORRECCIONES
A LAS SOLUCIONES

No sólo los empresarios exitosos usan esta técnica con sus empleados, también los enseñan a utilizar el HCH al comunicarse con ellos. Los empresarios aprecian a un empleado que ofrece una solución cuando detecta que algo (o alguien) necesita ser corregido. Una verdadera corrección consiste en detectar y comunicar algo que no está funcionando, para luego ofrecer una alternativa de solución. Si alguien señala algo sin aportar una solución, es una queja, y los emprendedores exitosos odian las quejas. Imagino que muchos empleados han sentido que su jefe se queja de algo porque no comprenden que la corrección continua es absolutamente necesaria para garantizar la buena marcha de una empresa. Al igual que cuando se maneja un auto o se pilotea un avión, el chofer o el piloto deben hacer cientos, si no es que miles de correcciones para seguir la ruta y, eventualmente, llegar a su destino. No existe el éxito sin correcciones.

Dirigir una compañía exitosa demanda que realices muchas correcciones. Siempre y cuando estés usando la técnica HCH, tus correcciones rara vez serán percibidas como una queja. Ahora bien, conozco a empresarios promedio o por debajo del promedio que se quejan mucho, y sus quejas alejaron a buenos empleados y clientes, sólo porque no comprendieron el poder destructivo de la queja. Imagino que millones de empleados han perdido su trabajo por ser quejumbrosos. No importa si eres empleado o empresario, la queja te lleva a perder y la corrección a ganar. Quejarse crea problemas, no los resuelve. Practica la técnica HCH para asegurarte de que trasciendes el nivel de la queja y la generación de tus problemas. Como empresario, comprendo que las soluciones crean éxito, así que elijo halagar a la gente antes de ofrecer una corrección, de modo que exista un espíritu de cooperación en lugar de un conflicto. Una vez que alguien percibe algo de lo que dices como queja y no como corrección sincera, es muy fácil que la conversación se salga de control, hasta convertirse en una pelea. Como mínimo, la queja crea resentimiento, pero las felicitaciones sinceras antes de la corrección permiten que el respeto mutuo siga presente. Si te gustaría operar tu negocio con más respeto y menos resentimiento, utiliza el HCH. Si la palabra halagar no te hace sentido, entonces piensa en el término "felicitar" o "reconocer". A la gente le encanta el reconocimiento, pues crea cooperación, y la cooperación permite que la gente trabaje sin contratiempos y encuentre soluciones. Halagar, o felicitar, o reconocer es una acción muy simple y poderosa para ayudarte a crear más éxito y disfrutar del proceso, pues existe menos tensión y más paz entre las personas, y eso siempre es algo maravilloso.

SER CORREGIDO

Aceptar y usar la corrección requiere de una virtud muy sencilla. La humildad prevé la capacidad de aprender y crecer. Se trata de la disposición a considerar lo que otra persona dice. Los empresarios y empleados arrogantes arruinan su poder y potencial al no querer considerar el punto de vista de otro. La humildad conlleva poder, y aprender a considerar puntos de vista distintos a los tuyos te permite acceder a dicho poder.

Muchas personas creen que al practicar la humildad se tomará ventaja de ellos. En mi experiencia, la verdad es justo al revés: la humildad es poder, no debilidad. La arrogancia es debilidad y ha llevado a muchos fracasos. El arte de la humildad es hermoso. Hace surgir lo mejor de los demás y crea un mosaico de ideas que pueden llevar a grandes éxitos.

Uno de los principales beneficios de la humildad es que ayuda a desarrollar la habilidad para escuchar sin interrumpir. Cuando aprendes a escuchar sin interrupción, trasciendes la comunicación y estableces un vínculo real y fuerte. Es sabio tratar y conectar con alguien antes de corregir. Y cuando eres el que está siendo corregido, simplemente debes mostrar respeto al escuchar e intentar comprender la perspectiva del otro. Cuando eres corregido, la tendencia natural consiste en defenderte, pero la conducta realmente madura consiste en guardar silencio y mostrar respeto por el otro, al permitir que termine de hablar y escucharlo con la intención de comprender su punto de vista.

La humildad es también la capacidad de asumir responsabilidad sin tratar de culpar a otros. Muchas correcciones son en realidad un juego de culpas disfrazadas. Culpar nunca lleva a nada constructivo. Conforme practiques el arte de la humildad, debes ser consciente de corregir con una solución en vez de limitarte a culpar. Si alguna vez has visto el programa de televisión *El aprendiz*, has visto grandes ejemplos de gente que culpa y de quejumbrosos. La mayoría de los participantes se rehúsa a asumir responsabilidades, y culpan a alguien si no se obtiene el resultado esperado. No hay nada de malo en decir: "Estaba en un error, me equivoqué. Lo siento". Al reconocer tus errores, te ganas rápidamente el respeto de los demás. Todos nos equivocamos. Al culpar, no tienes la oportunidad de cambiar y mejorar, y dificultas el surgimiento de relaciones que realmente te encaminen al éxito.

La próxima vez que necesites corregir a alguien, asegúrate de incluir una felicitación sincera y de conectar realmente con la persona. Y la próxima vez que estés siendo corregido, practica la humildad y realiza tu mejor esfuerzo para demostrar respeto sincero.

> *Los empresarios dan y reciben halagos y correcciones.*

> *Los empleados no halagan, y tratan de evitar ser corregidos.*

LOS EMPRENDEDORES DICEN: "HASTA AQUÍ CON LOS PRETEXTOS." LOS EMPLEADOS DICEN: "NO ES CULPA MÍA."

Aprender a asumir la responsabilidad es un tema común de éste y de otros libros. El camino para llegar a ser un gran empresario comienza por aprender a asumir la responsabilidad de tu vida personal. Conforme aprendas a asumir responsabilidades en tu propia vida, también aprenderás a asumir responsabilidades en la empresa.

Cada día se te ofrece una disyuntiva: puedes asumir la responsabilidad o puedes culpar, quejarte y justificar, y recuerda que estas son sólo excusas por lo que no puedes ser, hacer o tener. Es imposible asumir la responsabilidad de tu vida mientras culpas, te quejas o justificas.

Parte de asumir la responsabilidad consiste en aceptar las cosas como son. Muchas personas invierten una enorme cantidad de energía resistiéndose a la realidad. Lo que es, es. Desear que las cosas sean diferentes no cambiará los hechos. En tanto que muchos se sientan a desear que "esto" o "aquello" suceda, la gente responsable se levanta de la silla y hace que las cosas sucedan. Aceptar lo que es no significa dejar que las cosas sigan como están, sino reconocer su estado. Asumir la responsabilidad significa trabajar en pos de la mejoría de las cosas. "Hasta aquí con los pretextos" significa reconocer las cosas como son y actuar para mejorarlas. Asumir responsabilidad significa mantenerse concentrado y actuar consistentemente en pos de las metas.

Se requiere de más energía para quedarse sentado y culpar y justificar, comparado con la energía que se requiere para actuar, incluso cuando se requiere de mucha acción. Podrías pensar que actuar te cansará, pero la verdad es que, cuando actúas en pos de una meta, esto te llena de energía. También es importante que comprendas que cada área de tu vida está relacionada, y que lo que sucede en un área afecta a las demás. ¿Te has dado cuenta de que cuando te ejercitas te sientes mejor física y emocionalmente? ¿Te has fijado en que, cuando estás mal emocionalmente te afecta físicamente? ¿Te has dado cuenta de que, cuando concentras tu energía en los objetivos o cuando reflexionas sobre algo por lo que te sientes agradecido, te sientes mejor física y emocionalmente? Asumir la responsabilidad de manejar tu energía es una de las cosas más importantes que puedes hacer.

Cuando culpas, cuando te quejas y justificas, disminuyes tu energía. Cuando actúas en pos de tus objetivos, incrementas tu energía y construyes un momento positivo. Si alguna vez has sido atrapado en una espiral descendente en que las cosas parecen ser cada vez peores, es muy probable que estés quejándote, culpando a otros o justificándote, reflexiona sobre esos momentos.

Tomar responsabilidad significa que te rehúsas a jugar el juego de la culpa. Asumir responsabilidad significa que te niegas a quejarte y justificarte. Al concentrarte en tus metas y actuar consistentemente en pos de éstas, en esencia estás diciendo:

"Hasta aquí con los pretextos. Mis éxitos y fracasos son mi responsabilidad". Cuando dejas de lado las quejas, las culpas y las justificaciones para concentrarte en actuar consistentemente, te sorprenderás de lo mucho que puedes lograr.

Un elemento principal de asumir responsabilidad es medir los resultados. Los emprendedores suelen hacer una pausa y preguntarse: "¿Me acercan mis actos a mis metas?" La mayoría de las personas no se formulan esa pregunta con frecuencia, y siguen haciendo lo mismo con la falsa esperanza de que las cosas mejorarán. ¿Qué tan seguido te detienes a preguntarte en dónde estás con relación a dónde estabas? ¿Estás progresando en la vida? Puede ser difícil saberlo, a menos de que hagas una pausa para medir tus resultados. La mayoría de la gente justifica sus resultados negativos culpando y quejándose. No permitas que éste sea tu caso. Aprende a asumir la responsabilidad aceptando las cosas como son, administrando tu energía, actuando consistentemente en pos de tus metas y midiendo los resultados.

Cuando doy conferencias, suelo usar la historia del carrito rojo. Imagina que alguien va por ahí jalando un pequeño carrito rojo. Es bastante distintivo, porque el carro está cargado de basura y cosas inservibles a punto de desbordarse. Hasta puedes percibir el hedor.

El carro lleno de porquería representa las excusas que la gente tiene sobre su vida. Está lleno de historias y pretextos relativos a lo que no pueden ser, hacer o tener. En realidad es esa carga por la que son lo que son y la razón de que su vida sea como es.

Ahora imagina que alguien se aproxima y dice: "Tu vida es tu responsabilidad. Si asumes la responsabilidad de tus resultados, puedes crear una vida mejor". La persona que jala el carrito se torna defensiva inmediatamente y dice: "¿Qué? ¡No me conoces! No puedo hacer eso, ¿no ves que toda esta basura está en mi vida?"

Todos tenemos nuestra historia, nuestra basura, y podemos asumir la responsabilidad y dejar el carrito rojo para seguir adelante, o podemos culpar, quejarnos y justificar, y continuar avanzando con el carrito a cuestas. Algunas personas se engañan y tratan de engañar a los demás haciéndoles creer que son responsables, en tanto que siguen aferrándose al carrito rojo. Puede que incluso consigan una lata de pintura en aerosol dorada y que pinten de oro su basura. Tal vez luzca mejor, ¡pero todavía apesta! Si tu vida apesta, suelta el carrito. Deja de culpar, quejarte y justificarte, y asume la responsabilidad.

Cada vez que nos quejamos, que culpamos o nos justificamos, en esencia estamos diciendo: "¡No es mi responsabilidad!" Es curioso darnos cuenta de que no culpamos a nadie, ni nos quejamos o justificamos cuando se trata de éxitos, lo hacemos sólo con los actos que llevan al fracaso. Ya sea que alguien culpe a sus padres, a los políticos, a las corporaciones, a sus maestros, tarde o temprano tendrán que retirar la mirada de los demás para buscar la verdad en su interior. La verdad es que nuestros éxitos y fracasos son responsabilidad nuestra. Al decir: "Hasta aquí con los pretextos", significa que estás deseoso de ser exitoso y de dejar de mirar a los demás cuando fracasas, como si la culpa fuera de ellos. Hay una revelación muy sabia que obtuve de Jim Rohn; se llama "No me disculpo. No me quejo". Él describe su filosofía de la siguiente manera: si obtienes una gran cosecha, no te disculpas. Si la cosecha no fue buena, no te quejas. Yo prefiero decirlo así: Si creas un gran éxito, no te disculpas, y si creas un terrible fracaso, no te quejas. Jim dice que esta filosofía es la forma más elevada de sabiduría, ya sea que estés o no de acuerdo, debes admitir que implica un alto grado de madurez. Un emprendedor exitoso es un emprendedor experimentado. La única forma de madurar es experimentar muchas épocas de éxito y fracaso. Sólo un empresario maduro puede decir: "Hasta aquí con los pretextos". Cualquier empleado inmaduro puede decir: "No es mi culpa". Disfruta de tus éxitos y resiste los fracasos con una actitud de no pedir disculpas y no quejarte. Alguien que es maduro puede resistir; quien no lo es sólo culpa, se queja y se justifica.

Los empresarios dicen: "Hasta aquí con los pretextos".

Los empleados dicen: "No es culpa mía".

DIFERENCIA NÚMERO 4

LOS EMPRENDEDORES CONFORMAN RIQUEZA. LOS EMPLEADOS GANAN DINERO

El tiempo transcurre sin pausa en nuestra vida. Es imposible obtener más tiempo o lograr que regrese el que ya ha transcurrido. Sin embargo, mucha gente no logra reconocer que el tiempo es el bien más valioso del que dispone. Es irremplazable.

Sabiendo eso, considera por un momento cuánto de tu tiempo cambias por dinero. ¿Estás intercambiándolo sabiamente? Todos hemos escuchado el dicho que reza: "El tiempo es dinero". Una revelación más honda sería: "El tiempo es vida". Y cuando desperdiciamos el tiempo, estamos desperdiciando nuestra vida.

Debido a esta relación entre el tiempo y la vida, es importante valorar el dinero. Convierte en una prioridad el aprender a manejar el dinero, porque el dinero representa una porción de tu vida. Cuando gastas tu dinero frívolamente estás, en verdad, desperdiciando parte de tu vida.

Es una creencia común (y terrible) la de que el dinero no es importante. Lo que es todavía más común es que la gente que cree eso tiende a estar en bancarrota. Si no valoras la lectura, es muy probable que no tengas una biblioteca. Si no valoras la amistad, entonces es poco probable que tengas amigos. Si no valoras el dinero, no es muy probable que lo tengas. No acumulamos cosas que no valoramos. ¿Qué sucedería si le dijera a mi esposa que ella no es importante para mí? ¿Qué pasaría si dijera lo mismo a mis hijos? ¿A mis amigos? ¿Seguirían conmigo? Por supuesto que no. Pues bien: lo mismo sucede con el dinero.

Si dices: "El dinero no es importante para mí", éste no permanecerá mucho tiempo a tu alrededor. De hoy en adelante, no vuelvas a decir que el dinero no es importante. Ésta es una de las mentiras más destructivas que la gente se cuenta a sí misma.

LA DIFERENCIA ENTRE EL DINERO Y LA RIQUEZA

Dado que el dinero es importante, debemos valorarlo y aprender a hacerlo crecer. Pero hacer dinero y hacer que el dinero crezca son conceptos muy diferentes; hacer dinero tiene muy poco en común con el concepto de construir riqueza. Puedes ganar mucho dinero, luego gastarlo todo y volver a estar quebrado. Por otra parte, puedes ganar menos, aprender a ahorrar e invertir y generar riqueza. Puedes ganar un millón de dólares al año, pero no serás rico si gastas dos millones. Ganar dinero constituye una mentalidad común; generar riqueza constituye una mentalidad poco común. ¿Por qué la mayoría de la gente no es rica en términos financieros? Porque se concentran en hacer dinero, no en generar riqueza.

Los emprendedores enfocan su actividad a generar riqueza para sí mismos y para las compañías para las que trabajan. Aprende a considerar tu vida cual si fuera una empresa: ¿tienes un excedente financiero en tu vida una vez transcurrido el año, o gastaste todos tus ingresos? Si una empresa perdió dinero o nunca tiene ganancias, año tras año, cerraría. Sin embargo, la mayoría de la gente vive sin ganancias año tras año. Peor aún: muchos se endeudan cada vez más con cada año que transcurre. La verdad es que esto no es culpa suya. Puede que suene terrible para quienes enseñan responsabilidad personal, pero la mayoría de los que tienen problemas en la administración del dinero, no han recibido una instrucción que lleve a resultados diferentes. Nuestra sociedad no enseña a los niños cómo manejar el dinero y construir riqueza. ¿Cuántos muchachos en edad de asistir a la universidad reciben dinero por medio de las tarjetas de crédito, sin tener idea o experiencia sobre cómo usarlas sabiamente? Los pocos afortunados que son enseñados por sus padres a construir riqueza deben estar extremadamente agradecidos. El resto de nosotros —una amplia mayoría a quienes no nos enseñaron sobre la generación de riqueza— debemos asumir la responsabilidad personal de educarnos para hacer que el dinero crezca.

Construir riqueza es clave para la libertad financiera, y este ligero cambio de mentalidad, es decir, "generar riqueza" en lugar de sólo "ganar dinero" puede hacer una enorme diferencia en tus acciones y en los resultados obtenidos. Enfoca y conserva tu atención en generar o construir riqueza, más que en el hecho de ganar dinero. Más aún, mete en tu cabeza esta distinción: así como construir riqueza no es igual que hacer dinero, tampoco se parece a ahorrar dinero. Ahorrar 5 000 dólares al año en una cuenta que ofrece 3 por ciento de interés, mientras que la inflación es de 3 por ciento, no es generar riqueza sino salir tablas.

Durante las dos décadas pasadas, he tenido muchos empleados. Dije a cada uno que los ayudaría cuanto pudiera. Unos estaban allí sólo para obtener el cheque de su quincena y jamás me pidieron nada, pero pasado el tiempo, algunos aceptaron mi oferta.

Un día, cuando estaba a punto de irme de vacaciones a Hawái, dos empleados de poco más de veinte años me dijeron: "Keith, ¿puedes enseñarnos a hacer dinero?" Estuve de acuerdo. Pedí a ambos que, mientras yo estaba de vacaciones, fueran a una librería, compraran cierto libro y lo leyeran, y que cuando regresara del viaje lo discutiríamos.

Durante mis vacaciones, me pregunté si habrían seguido mis instrucciones. Cuando regresé a la oficina, me encontré con que ambos habían comprado el libro, pero sólo uno lo había leído. Invité a mi casa al empleado que lo había leído para poder discutir el contenido. Llegó justo a tiempo. Esa noche, respondí todas sus preguntas, además de alentarlo para que siguiera leyendo y aprendiendo.

Poco tiempo después, él se mudó. Cerca de un año más tarde, me llamó para decirme que le iba bien, que tenía un gran trabajo que amaba y que le pagaba 36 000 dólares al año. Sólo había trabajado medio tiempo para mí, y ganaba 12 000 dólares al año. En menos de un año había triplicado su ingreso.

También me pidió que le recomendara otro libro, lo que hice alegremente.

Unos diez meses después, volvió a llamarme. Hablaba rápido y pude detectar la emoción en su voz, dijo: "Keith, necesito otro libro. ¡Encontré un trabajo increíble y debo aprender a invertir mi dinero para hacerlo crecer!", me informó que ya ganaba mil dólares a la semana.

En menos de dos años había pasado de ganar mil dólares al mes, a ganarlos en una semana. Cuando se acercó a mí la primera vez, me había pedido que le enseñara a "hacer dinero". Menos de dos años después me llamó para decirme que necesitaba aprender a "hacerlo crecer". Estaba listo para comenzar a construir riqueza. Nunca volví a saber de él y suelo preguntarme cómo estará. Imagino que ha tenido algunos fracasos y pérdidas desde que se embarcó en el camino de aprender a generar riqueza, porque eso es parte del proceso, pero también sospecho que le ha ido bastante bien.

No te engañes. Si vas a aprender a generar riqueza, experimentarás fracasos y pérdidas. Puede que hagas dinero y que lo pierdas, es parte del proceso. Acepta el hecho. Abrázalo. Aprende de él y concéntrate en construir riqueza.

En mi libro *Las 10 principales diferencias entre los millonarios y la clase media*, escribí sobre tres formas primarias que los millonarios utilizan para construir riqueza. Se trata de los bienes raíces, el mercado accionario y las redes de mercadeo. Algunas personas que han llegado a acumular una fortuna, se han valido de sólo uno de estos tres vehículos, en tanto que muchos otros han combinado las tres vías para construir su riqueza. No hay una receta inflexible respecto de cuántos vehículos son adecuados para generar riqueza; se trata de una cuestión de preferencias personales, así que haz lo que mejor te parezca. Algunos millonarios usan sólo una vía para llegar a tener un modo de vida de riqueza, pero cuando su riqueza llega a cierto nivel (nivel que cambia según cada persona), comienzan a buscar y a encontrar otras formas de hacer crecer su dinero. Al comienzo de tu viaje en pos de construir riqueza, sólo tú y tu pequeño negocio estarán generando flujo de efectivo. Conforme vayas construyendo tu riqueza, probablemente querrás encontrar otras formas para hacer que siga creciendo. Sólo asegúrate de elegir vías para generar riqueza que puedas disfrutar cuando aprendas. Nunca inviertas tu dinero en algo que desconoces o no te agrada.

Literalmente, existen miles de vehículos que pueden llevarte a construir riqueza, pero sólo voy a mencionar uno más, mismo que tiene muchos modelos para elegir. Algunos son de los más seguros para generar riqueza; de hecho, hay quienes piensan que son a prueba de balas. Se trata de las pólizas de seguros de vida. Muchas pólizas de seguros de vida son inversiones seguras porque suelen tener una tasa de retorno menor que otros vehículos y no son tan riesgosas como otros. Pero en el mundo de las pólizas de seguros de vida, existen muchas estrategias para participar en el juego. Puedes estar tan seguro o correr tantos riesgos como quieras. Yo recomiendo usar las estrategias más seguras para construir riqueza lentamente, mientras se usa la vía del negocio pequeño para generar riqueza con mayor rapidez. Algunas personas aconsejan usar pólizas de vida completa y otras aconsejan comprar pólizas de vida de plazo definido e invertir la diferencia. No voy a aconsejarte qué camino tomar en este sentido, pero te aconsejo que aprendas sobre estos instrumentos y que los utilices para generar riqueza.

Construir riqueza lleva tiempo. Se puede hacer dinero rápidamente. Generar riqueza trae más seguridad y certeza a tu vida, lo que aumenta la paz mental. Se puede dejar de hacer dinero en cualquier momento, lo que suele acarrear incertidumbre y estrés. La generación de riqueza suele provenir de los negocios. El ganar dinero suele provenir de un empleo.

Por último, quiero escribir de esta diferencia sobre la simplicidad. Hay libertad en la simplicidad. El propósito de construir riqueza es disfrutar los verdaderos tesoros de la vida, como la familia y los amigos. Cuando estás en el viaje de generar riqueza, es sabio mantener un estilo de vida simple. En mi vida, ha habido ocasiones en que nuestro costo ha sido relativamente alto, mientras que en otros momentos hemos elegido mantener los costos bajos. Mantener los costos de vida bajos siempre ha probado ser más simple y llevar a un estilo de vida más pacífico. No caigas en la trampa de complicar tu vida mientras tratas de enriquecerte. Ni siquiera te concentres en hacerte rico. Concéntrate en la generación de riqueza y terminarás siendo rico con paz mental. Si lo permites, la vida puede hacerse más complicada cuando empiezas a construir riqueza. Pero si valoras la paz mental y el tiempo para compartir con tu familia, debes mantener las cosas simples y disfrutar los verdaderos tesoros de la vida.

> **Los emprendedores conforman riqueza.**

> **Los empleados ganan dinero.**

DIFERENCIA NÚMERO 3

LOS EMPRENDEDORES VUELAN CON LAS ÁGUILAS. LOS EMPLEADOS PICOTEAN CON LOS POLLOS

adaptas al ambiente de la gente que te rodea. Algunas personas traen luz a tu vida y te ayudan a ver, en tanto que otras traen oscuridad y te enceguecen. Mi exempleado no podía "ver" que su nueva novia lo afectaba de forma negativa, tanto en lo personal como en lo profesional.

Muchas de tus circunstancias son reflejo de las expectativas de las personas que permites que influyan en tu vida. Al elegir pasar tu tiempo con gente sabia que vive una vida exitosa y significativa, aprendes a hacer lo mismo. He descubierto que muchas personas que son verdaderamente exitosas, plenas y que disfrutan ayudar a otros, logran tener una vida más significativa. Los entrenadores y mentores son buenos, pero no me refiero a ese tipo de personas en esta diferencia. Hablo de tus relaciones personales, especialmente de la gente con quien te vinculas.

¿Estás consciente del tiempo que pasas con ciertas personas y de cómo ellas influyen en ti? Espero que estés al tanto de la influencia positiva y negativa que otros tienen en ti, y que elijas pasar tu tiempo con la gente indicada, en lugar de desperdiciarlo con las personas equivocadas. He aquí tres preguntas importantes que debes formularte. Las aprendí de Jim Rohn. Jim fue un empresario exitoso, un conferencista motivacional y un filósofo de los negocios durante muchas décadas, e influyó en la vida de millones de personas. Las tres preguntas que de él aprendí pueden ayudarte a ser más consciente, a estar más atento a la influencia que otros tienen en tu vida, dándote la capacidad de tener más iniciativa al desarrollar mejores relaciones.

Una vez tuve un excelente empleado que empezó a flojear en el trabajo. Dicho empleado había sido siempre una parte valiosa de la compañía y parecía disfrutar realmente de su trabajo. Yo sabía que éste era el trabajo mejor pagado que había tenido, por lo que me sorprendió cuando comenzó a haraganear.

Fue bastante obvio para todos que su pobre desempeño laboral estaba directamente relacionado con su nueva novia, pero cuando se lo hice notar él argumentó que su vida personal nada tenía que ver con su vida profesional. Me reí y dije: "No puedes estar hablando en serio". Esperé una respuesta, pero se limitó a mirarme como mira un venado los faros de un auto. Le expliqué que su vida personal y la profesional están intrínsecamente conectadas, que la vida en casa afecta la laboral y viceversa. La gente con la que eliges pasar el tiempo constituye una de las elecciones más trascendentes que puedes hacer. "En esencia", le comenté, "te vas pareciendo a la gente con la que convives. Punto".

Por supuesto, él no lo veía así. Sentía que estaba desempeñándose tan bien como siempre. Si hubiera sido honesto consigo mismo, se habría percatado de que había comenzado a llegar tarde y de que pasaba demasiado tiempo hablando por teléfono con su novia.

La peor parte era la forma en que su energía positiva había pasado a ser pesimista y cansina. Parecía exhausto la mayor parte del tiempo. Parecía estar solamente enfocado en complacer a esta mujer. Hablé con él varias veces, pero se rehusaba a aceptar que su novia lo había cambiado. No hace falta decir que, poco tiempo más tarde, había dejado de trabajar para mí.

Se fue en buenos términos, e incluso se aparecía de vez en cuando para saludarme y para pedirme consejo respecto de algunos trabajos que estaba considerando. Era un tipo muy agradable y pronto le ofrecieron un puesto en otra compañía de prestigio. Me dijo que tomaría el puesto y parecía emocionado de hacerlo.

Unas dos semanas después, volvió a visitarme y me dijo que, en lugar de aceptar dicha oferta, se iba a licenciar como ajustador de seguros para trabajar con su hermano. Esto me sorprendió. Nunca había dicho nada bueno de su hermano —aunque lo amaba sinceramente, solía frustrarse con las decisiones de vida que su hermano tomaba.

Cuando le pregunté sobre el otro puesto, se encogió de hombros y dijo algo sobre no querer trabajar tiempo completo; su hermano lo había convencido de que podía ganar el doble en la mitad del tiempo si se convertía en ajustador de seguros. No pude más que preguntarme si el querer pasar más tiempo con la novia tenía algo que ver en la decisión. No obstante, le deseé buena suerte y le pedí que se mantuviera en contacto conmigo.

Algunas semanas después, recibí un comunicado estatal pidiéndome información sobre su historial de trabajo. Había solicitado ayuda por desempleo. Nunca volví a saber de él, aunque varios meses más tarde supe que había vuelto a trabajar para la empresa en que laboraba antes de llegar conmigo, un lugar en el que no disfrutaba, tanto por la empresa como por sus compañeros de trabajo.

¿Qué puedes aprender de su experiencia? La gente que frecuentas influye en tus decisiones y afecta tu energía. Al igual que pasa con los elevadores, te llevan arriba o abajo. Lo peligroso es que mucha gente no se detiene a preguntarse respecto de sus relaciones y cómo éstas le afectan. Y puesto que no se formulan esa pregunta, no se percatan de que los resultados obtenidos están relacionados con las personas con quienes conviven.

Puede que no adviertas un efecto inmediato en relación con las personas que hay en tu vida, pero con el paso del tiempo, éstas se convierten en una influencia innegable en tu vida, ya sea en lo positivo o en lo negativo. La gente con la que te llevas puede conformarte o romperte. Piensa en tus relaciones como si fuera tu sentido de la vista. Cuando recién apagas las luces por la noche, todo luce negro y al principio nada puedes ver. Unos minutos después comienzas a detectar formas en la habitación. Ah, ahí está el vestidor. Creo que allí están mis zapatos. Puedo ver el contorno de mi silla. Pasan algunos minutos y parece que alguien hubiera encendido la luz en algún sitio, pues ahora puedes ver el vestido, los zapatos y la silla con mayor claridad.

¿Qué sucedió? No es que haya más luz en el cuarto; tus ojos se han adaptado a la oscuridad. Igual que tus ojos, tú te

¿Qué efecto tienen en mí mis relaciones?

¿Me parece bien?

De no ser así, ¿qué pienso hacer al respecto?

¿Alguna vez te has detenido a formularte estas preguntas, u otras semejantes? Muchas personas permanecen igual o empeoran su vida debido a que no están dispuestas a alejar a ciertas personas. Uno no elige a los miembros de su familia, pero por supuesto que podemos elegir a nuestros amigos y colegas. Las elecciones que haces respecto a las personas con que te asocias o con las que estás regularmente, constituyen unas de las elecciones más importantes que realizarás en tu vida. ¿Estás dispuesto a renunciar a las personas con quienes has estado desperdiciando el tiempo? Los empresarios exitosos invierten tiempo con otras personas de éxito. Los empleados fracasados invierten su tiempo con otras personas no exitosas. "Exitoso" y "fracasado" son términos relativos, pero esta diferencia aplica a cada área de la vida, incluyendo las finanzas. Considera lo siguiente: es muy probable que tu ingreso sea cercano al promedio de los ingresos de tus cinco principales amigos. Si quieres incrementar tu ingreso, entonces tal vez ha llegado el momento de construir nuevas relaciones.

Mi mentor, Nido Qubein, es un exitoso empresario, autor y conferencista profesional dueño de múltiples empresas. Tuvo una madre muy sabia. Ella le dijo a Nido: "Hijo, si quieres ser grande, entonces debes caminar lado a lado y mano a mano con grandes personalidades. Si quieres ser feliz, debes rodearte de gente feliz. Si quieres ser un ebrio, entonces júntate con borrachos. ¡Si quieres ser rico, averigua qué hace la gente pobre y evita hacerlo!"

Si quieres aprender las razones principales de por qué algunas personas llegan a la libertad financiera y otros no, lee *Las 10 principales diferencias entre los millonarios y la clase media*. Fui capaz de escribir ese libro porque pasé mucho tiempo con otros millonarios antes de convertirme en uno. Además de los multimillonarios que conozco, quienes han ordenado cientos de copias del libro para regalar a amigos y conocidos, también conozco a varios millonarios a los que no conocía y que me contactaron después de leer el libro para manifestarme lo mucho que mi forma de pensar se parece a lo que ellos piensan y sienten.

Aprendí cómo pensar y cómo hacer para convertirme en millonario al pasar tiempo con los millonarios. Antes de eso, aprendí a ser un emprendedor al pasar mi tiempo con empresarios. No importa qué o quién quieras ser: debes rodearte de personas que ya han logrado eso o que, al menos, están en camino de lograrlo. Si quieres ser un pollo, picotea con otros pollos. Pero si deseas ser un empresario exitoso, debes relacionarte con otros empresarios exitosos. Lo mejor de pasar tiempo con las águilas es que aprenderás a volar. Lo terrible de estar acompañado por pollos es que, eventualmente, terminarás cocinado. Las águilas vuelan y los pollos son cocinados. ¿Qué prefieres? Tú eliges. Escoge tus relaciones con mucho cuidado, porque determinarán muchas de las cosas que experimentarás en tu vida.

Los emprendedores vuelan con las águilas.

Los empleados picotean con los pollos.

DIFERENCIA NÚMERO 2

LOS EMPRENDEDORES VEN HACIA EL FUTURO. LOS EMPLEADOS VEN HACIA EL PASADO

Pocas personas comprenden el poder de la visión, y es por ello que la mayoría son empleados, no empresarios. Muy pocas cosas valiosas suceden si no se tiene visión. Un buen matrimonio no sucede sin una visión que lo haga tener lugar. La buena salud no suele estar presente sin una visión que la haga posible. La libertad financiera no sucede porque sí, sin una visión que la guíe. La visión hace que las cosas sucedan. Todos los grandes emprendedores han tenido una gran visión. La visión es poder. Atrae a la sabiduría. Guía tu vida y hace que actúes a diario en pos de esa visión, proceso que es el más eficiente y rápido para lograr que ésta se haga realidad. Debes crear una visión del futuro que deseas si quieres ser exitoso y pleno. Los emprendedores hacen que las cosas sucedan porque tienen una visión del futuro. Los empleados miran cómo suceden las cosas porque pasan demasiado tiempo en el pasado.

Los grandes empresarios usan la visión para crear una aproximación equilibrada a la productividad. Equilibramos nuestro tiempo planeando el futuro y actuando en el presente. La mayoría de los emprendedores pasan poco tiempo mirando atrás. No se trata de que la experiencia pasada no sea importante —lo es, y puede usarse para desarrollar una buena visión—, sino que elegimos poner más énfasis en el futuro.

A pesar de que es importante valorar la experiencia pasada, no permitas que ésta distorsione tu visión —se trata de un error que muchos empleados cometen. Mirar al pasado puede ayudar a planear el futuro, pero planear el futuro y actuar en consecuencia es la parte más importante del proyecto. Si quieres volverte más productivo, planea tu trabajo y trabaja en pos de ese plan. No pases demasiado tiempo mirando al pasado —es una manera segura de desperdiciar buena parte de tu presente.

Tristemente, los empleados menos exitosos miran al pasado para quejarse, o están inundados de rencores, culpas o vergüenzas. Mirar al pasado para regodearte en tu dolor te mantendrá atascado ahí, y estarás condenado a repetir los mismos errores. Mira al pasado para ver qué puedes aprender y el dolor empezará a disminuir. Si vives con culpa y vergüenza, y miras esas emociones tal como son, comenzarán a desaparecer. Aprende del pasado y pon en práctica las lecciones aprendidas de cara al futuro.

Cuando acudes al pasado para aprender de él, estás en una posición de poder llamada Responsabilidad. Cuando miras atrás para aprender, permaneces en el presente. La mayoría de los empleados están como ausentes porque siguen en el pasado y no en el presente. Y aunque los empresarios a veces lo hacen también, esa ausencia se debe más bien a que sueñan con el futuro que desean vivir.

Aunque soñar en el futuro es mucho más poderoso que hundirse en el pasado, también puede convertirse en una trampa si no sales de tu sueño a tiempo y actúas. Pensar en algo no significa que sucederá por atracción. Recuerda: una visión poderosa está conformada por una meta acompañada por un plan de acción que conduzca a ella. Pensar, por sí mismo, no hace que las cosas pasen. El pensamiento comenzará a influir en tus actos, pero los pensamientos, por sí solos, no te llevan al éxito. Crear un plan de acción y llevarlo a cabo es mucho más poderoso que el pensamiento en aislado. El éxito puede empezar con tus pensamientos, pero se hace realidad gracias a la acción.

ALINEAR TU VISIÓN CON LA DE OTROS

¿**C**uál es tu visión? ¿Cuál es tu visión de tu compañía o de la empresa para la que trabajas?

Si tu visión personal no está alineada con la visión de tu empresa o de la empresa para la que trabajas, entonces ha llegado el momento de buscar otra empresa. No obtendrás felicidad ni plenitud si trabajas en pos de una visión que no compartes. Tu verdadero éxito y felicidad dependen de que seas congruente con tus valores personales. Existen miles de oportunidades de negocio y empresas ahí afuera, y algunas de ellas tienen valores que pueden estar alineados con los tuyos. Búscalas. La gente que ama su trabajo suele tener visiones muy semejantes a la visión corporativa de sus empleadores.

Casi todos elegimos una carrera con base en el dinero que podemos hacer en ésta. Por tentador que parezca, es la peor forma de elegir una carrera. Encuentra una carrera que sea congruente con tus valores personales. Si ya elegiste una y cometiste el error de hacerlo con base en el ingreso probable, tal vez sea bueno considerar un cambio. No eres precisamente muy valioso para tu empresa si odias tu trabajo, y eso eventualmente se revelará —ya sea por medio de un desempeño pobre, de tristeza o de ambas cosas. Por otra parte, si encuentras una empresa que dé soporte a tus valores personales, te convertirás en un activo valioso, en alguien que ama ir a trabajar y crea una atmósfera de alegría y paz.

La vida es demasiado corta como para laborar en un empleo que odias. Puede que sientas que es demasiado tarde, que ya has trabajado muchos años en un empleo que no te gusta, pero eso sólo significa que hoy, más que nunca, es momento de cambiar. Deja de perder tu valioso tiempo y energía, y comienza a invertir en una visión en la que creas. Cuando tu trabajo es congruente con una visión personal, te conviertes en un activo valioso para tu empresa. Uso la frase *tu empresa* porque los empleados que tienen visiones personales que coinciden con la de sus empleadores siempre personalizan a la empresa y actúan como si fuera suya. Si alguna vez te has preguntado cómo ser un activo valioso para tu empresa, comienza por asegurarte de que tus visiones son congruentes, después, en vez de decir "la empresa", di "mi empresa". Los emprendedores captan la visión de su empresa. Aprenden a comunicarla con claridad. Se convierten en esa visión.

Los empresarios ven hacia el futuro y planean cómo generar riqueza construyendo una gran empresa. Los empleados ven el pasado y piensan que merecen ascensos y aumentos por su antigüedad. Para construir una gran empresa u obtener ascensos y promociones, debes abrazar plenamente la visión de tu compañía y avanzar en ella. Avanzar significa actuar y trabajar consistentemente. Cuando avanzas con celeridad es más fácil permanecer concentrado y moverte hacia adelante. Cuando avanzas con lentitud o no actúas lo suficiente, es fácil distraerte y salir del camino. Si tu visión del futuro es emocionante, te llevará a correr. Es mucho más fácil trabajar duro cuando tienes una visión clara de un futuro pleno. Si careces de visión y no puedes ver que la vida mejora para ti, las distracciones, las desilusiones y la depresión serán una parte constante de tu vida. Si creas una visión del futuro que amarías experimentar y comienzas a avanzar en pos de ella, los éxitos y los fracasos, las victorias y las derrotas te proveerán con una vida rica, llena de recompensas. La manera más segura de desperdiciar tu vida es vivir sin una visión. La forma más segura de disfrutar tu vida es crear una visión que te inspire, apegarte a ella y actuar en consecuencia. Elige a dónde quieres ir y da pasos consistentes en esa dirección. Trabaja en ese sentido sin descanso. Tu futuro puede ser algo creado por ti o puede convertirse en algo odioso. Mira al futuro a través de los ojos de la fe y mira en dónde quieres estar en cinco, diez, veinte o cuarenta años a partir de hoy. No tienes control sobre lo que hiciste en el pasado, pero sí lo tienes respecto de lo que hagas o dejes de hacer a partir de este momento. Las cosas que hagas o dejes de hacer crearán la vida que vivas en el futuro.

Mira al futuro y encuentra a dónde quieres ir. Luego actúa consistentemente en pro de ese objetivo visionario y la vida te enseñará por las buenas y malas experiencias todo lo que necesitas saber para llegar ahí.

Los empresarios ven hacia el futuro.

Los empleados ven hacia el pasado.

1

LOS EMPRENDEDORES ASUMEN RIESGOS PORQUE TIENEN FE. LOS EMPLEADOS OPTAN POR LA SEGURIDAD PORQUE TEMEN

En *Las 10 principales diferencias entre los millonarios y la clase media,* escribí: "El riesgo es oportunidad". Cuando sacas el riesgo de la vida, sacas también la oportunidad de la vida. Muchos empleados han sacado las oportunidades de su vida porque tienen más miedo que fe. Los empresarios exitosos tienen una fe fuerte, lo que les permite encontrar oportunidades y tomar riesgos. La mayor parte de las personas tiene poca fe en sí misma, y por eso permanecen siendo empleados. Muchos empleados dicen que les gustaría ser dueños de su propio negocio, pero los temores evitan que tomen los riesgos necesarios.

TENER FE EN TI MISMO

Lo que piensas de ti mismo se revela en tu desempeño. ¿Tienes fe en ti mismo? Analiza tus resultados y, si no los consideras suficientemente buenos, te reto a que te adentres en el tema hasta encontrar la razón. Los resultados obtenidos son simplemente un reflejo de lo que haces o dejas de hacer. Y las cosas que haces no son simplemente el reflejo de lo que tú crees que eres.

Si piensas que tus resultados no son suficientemente buenos, puede que en tu inconsciente exista una certeza parecida a: "No soy suficientemente bueno". Y si miras un poco más hondo, puede que descubras alguna frase como: "No soy suficiente".

¿Eres suficientemente bueno? ¡Por supuesto que sí! Los emprendedores creen en sí mismos. Si no crees en ti mismo, nunca encontrarás oportunidades y nunca asumirás los riesgos necesarios, por lo que no lograrás el éxito significativo que deseas. Debes creer en ti mismo y desechar toda duda. La duda respecto de uno mismo es la razón por la que muchos empleados siguen siéndolo. Sin fe en ti, siempre necesitarás de alguien que te diga qué hacer o buscarás que otros te den permiso para hacer las cosas. Pienso que la principal razón por la que los empleados siguen siéndolo es porque esperan que alguien les dé permiso de ser otra cosa.

Si no tienes mucha fe en ti mismo, ha llegado el momento de tomar la fe con la que cuentas para ponerla en acción. Al igual que si se tratara de un músculo, la fe debe ejercitarse para crecer y fortalecerse. Tienes fe. Todos la tenemos. La cuestión es si la estás poniendo en práctica. No esperes que alguien te dé permiso de actuar para llegar al estilo de vida, éxito y trascendencia que desea.

FE EN LOS DEMÁS

La fe en ti mismo te permite asumir riesgos. También conduce a tener fe en los demás.

¿Tienes fe en los demás? Los que suelen faltar al respeto a los demás, suelen hacerlo porque no se respetan a sí mismos. Alguien que se enoja fácilmente con los demás, se enoja fácilmente a consecuencia de su propia conducta. Lo que piensas de ti mismo se proyecta en los demás, y cuando eliges creer en ti, te será más fácil creer en los demás. Necesitas a la gente y la gente te necesita. Al creer en ti mismo, los demás sentirán que crees en ellos. Querrán ayudarte porque sienten que eres sincero al querer ayudarlos.

Cuando tienes fe en ti mismo y en los demás, asumen juntos los riesgos, por lo que es más fácil tener éxito. Una verdad simple consiste en que mientras más riesgos tomes, más fácil será que te topes con el éxito. Mientras menos riesgos asumas, menos fácil será que triunfes. Asume riesgos y hazlo con fe, creyendo en los resultados positivos. Los riesgos tomados con temor suelen terminar en fracaso.

EL RIESGO Y EL TEMOR

O se elige tener fe o se opta por el miedo. La razón principal por la que la gente tiene miedo es porque piensa que las cosas no son verdaderas. Tal vez hayas escuchado hablar del acrónimo Fear:[1] Falsa evidencia aparentemente real.

En el taller que imparto, titulado "La sabiduría crea libertad", enseño a los participantes a usar una poderosa pregunta para enfrentarse al miedo: "¿Qué me parece verdad y qué no?" Por simple que parezca, funciona. La respuesta que obtengas de esa pregunta te ayudará a identificar las mentiras y a revelar la verdad respecto de la situación. La verdad te ayudará a superar el temor y fortalecer tu fe, de modo que puedas asumir los riesgos necesarios para tener éxito. Las mentiras alimentan tu temor, la verdad alimenta tu fe. Usa esta técnica cada vez que enfrentes un temor. Tu ego querrá justificar tus creencias limitantes, pero tu corazón conoce la verdad. Si estás dispuesto a escuchar a tu corazón y a cuestionar tus creencias, empezarás a experimentar más paz y alegría. La paz y la alegría son

---

[1] Temor, en inglés.

aliadas poderosas para una vida empresarial exitosa. Se trata de los beneficios de creer en la verdad.

La verdad crea fe, la mentira produce temor. Tal vez tengas la certeza en la mentira de que no eres suficientemente bueno. Tal vez que es importante lo que los demás piensen de ti. Tal vez que no puedes hacerlo, lo que sea. Las mentiras en las que crees originan los temores que evitan que asumas riesgos para ser exitoso. No importa cuáles sean tus temores, se basan en mentiras.

La verdad es que eres suficientemente bueno. La verdad es que no importa lo que los demás piensen de ti. La verdad es que puedes hacerlo, trátese de lo que se trate.

Conforme identifiques las mentiras y escojas creer en la verdad sobre ti mismo, tu fe se incrementará. Conforme tu fe se fortalece, verás muchas oportunidades para crear éxito. Aunque siempre existe la probabilidad de fracasar, recuerda el mensaje de la diferencia número 9: el fracaso es tu amigo, no tu enemigo. El temor al fracaso es uno de los obstáculos esenciales que le impiden a la gente arriesgarse. Los empresarios exitosos comprenden que el fracaso sólo es parte del proceso del éxito, y que temer evita que te aproximes a tus sueños para hacer lo que amas. El fracaso es inevitable. Es tonto dejar que el temor hacia algo inevitable evite que hagas realidad tus sueños y hagas lo que amas. El éxito se hace posible cuando puedes ir de fracaso en fracaso sin perder la fe. Si optas por la fe y no por el temor, eventualmente lograrás el verdadero éxito. Si pierdes la fe después de un fracaso, o fracasos, aún puedes elegir volver a tener fe. Cuando se trata de fe, puedes optar por tenerla o por perderla. Perder la fe simplemente es una elección en el sentido de dejar de creer. Elegir tener fe es una elección que te permite seguir creyendo que tendrás éxito. La fe dice: "Sí puedes". El temor dice: "No puedes". Cuando el temor te diga que no puedes tener éxito, sólo date cuenta de que te está mintiendo. Elige escuchar tu voz interna o la fe que existe dentro de ti.

La fe es una fuerza más que real en la vida de muchos emprendedores exitosos. La fe te motivará y te dará sabios consejos en las situaciones más difíciles. Te dice: "¡Ve por ello, puedes hacerlo!" También puede decirte, o incluso gritar: "¡No! ¡Detente! Está mal hacer eso." Ahora bien, todos pasamos por esos momentos confusos, casi siempre en la vida de los empresarios más jóvenes, en que se emprende con fe y aún así se experimenta un fracaso. Podría tratarse de que simplemente has estado equivocado, o que el fracaso es exactamente lo que necesitabas experimentar, para obtener la sabiduría que te permitirá tener éxito en la siguiente ocasión. Es real: puedes tener fe en tus fracasos, porque la idea de que el fracaso te enseña y es tu amigo no es una teoría alucinada, sino una realidad muy práctica.

FE EN LOS NÚMEROS

Cuando se trata del tema de la fe y su relación con los negocios, existe algo de naturaleza muy práctica en lo que puedes creer. Se trata de los números. Algunos empresarios orientan su fe a los aspectos misteriosos del éxito y esperan los mejores resultados. Y ciertamente no tiene nada de malo creer en lo misterioso, como ha dicho en muchas ocasiones uno de los empresarios más exitosos que he conocido, la magia siempre está en la mezcla. Puede sonar extraño escuchar a un emprendedor exitoso hablar de magia. Podrías pensar que un empresario exitoso sólo se fija en los resultados, en los números y no en los misterios. Sin embargo, existe un equilibrio entre lo práctico y los aspectos misteriosos del éxito empresarial, y muchos emprendedores exitosos creen en esto. Muchas experiencias personales me permiten afirmar que existe un gran poder en el aspecto misterioso de la fe. El simple hecho de creer, de tener fe en que vas a tener éxito, sabiendo que incluso fracasando aprenderás, te conduce al éxito sin importar nada más. Parte de la fe consiste en saber que tendrás éxito porque ya eres exitoso. La fe que implica la frase: "Soy exitoso" llevará a muchos más éxitos. Algunos empresarios que no tienen fe piensan:

"Cuando tenga éxito seré exitoso", pero los verdaderos empresarios creen que ya lo son.

Esta misteriosa creencia en el sentido de que ya se tiene éxito, da poder a los empresarios y les permite crear éxito práctico en los negocios. Los éxitos prácticos se revelan a partir de los números. Uno de los ejemplos clásicos es el porcentaje de bateo en el beisbol. Si alguien tiene un porcentaje de bateo de .300, significa que batea la pelota sólo tres de cada diez veces que va al bate. Otra forma de ver las cosas consiste en pensar en que fallan en siete de cada diez ocasiones en que va al plato de bateo. En las ventas, algunos vendedores escuchan veinte respuestas negativas por cada "Sí". Un empresario joven puede experimentar nueve fracasos por cada éxito. Un emprendedor más experimentado que ya ha tenido varios fracasos y éxitos, puede llegar a tener cuatro éxitos por cada cuatro fracasos. Los corredores de bolsa más exitosos del mundo tienen un índice de efectividad cercano al 50 por ciento, lo que significa que pierden dinero en la mitad de sus operaciones. Alguien inexperto dedicado al mercadeo en redes puede enrolar sólo a una de cada diez personas con las que habla, mientras que uno más experimentado puede enrolar a cinco de cada diez.

Una vez que conoces los promedios de cada industria o profesión, puedes seguir adelante con fe en los números. Si estás en el área de ventas y sabes que normalmente recibirás veinte "No" por cada "Sí", puedes asumir las negativas, los rechazos, con la certeza absoluta de que un sí está próximo. Como empresario, si sabes que nueve de cada diez negocios fracasan, entonces puedes aceptar los fracasos sabiendo que te acercas al éxito. Pon tu fe en lo misterioso y en lo práctico. El misterioso poder de la fe tiene dos nombres prácticos: confianza y perseverancia. La confianza proviene de la creencia, o fe, en que soy una persona exitosa y, por tanto, tendré éxito. La perseverancia, por su parte, es el poder de resistir y seguir adelante incluso cuando quiero darme por vencido. ¡La perseverancia paga! La combinación de confianza y perseverancia es una mezcla de creencias internas y acciones externas. La confianza es la creencia interna, en tanto que la perseverancia es la acción externa. ¡Al combinar el poder de la confianza y la perseverancia tu promedio mejora! Mientras más crees y más respaldas esa fe con actos, más pronto verás resultados prácticos, actuales, físicos, tangibles y reales. Y eso se llama éxito.

UNA MANERA SENCILLA DE INCREMENTAR TU FE

Reservé la manera más sencilla y poderosa para incrementar la fe para el final del libro porque quiero que la recuerdes y que comiences a aplicarla tan pronto como termines de leer. Se trata de lo siguiente: "Celebra tus éxitos". Todos tenemos éxitos y, si miras con atención, podrás encontrar muchos ejemplos de esto a lo largo de tu vida. La mayoría de la gente no se da el crédito suficiente por las cosas que ha hecho o vivido. No permitas que sea tu caso. Piensa en las ocasiones en que fuiste exitoso y celébralas. Al celebrar los momentos de éxito pasado, te das la oportunidad de asumir riesgos en el presente.

Parte de celebrar tus éxitos consiste en sentirte agradecido por los retos que te llevaron a ellos. Todos hemos tenido tiempos difíciles que nos han hecho más fuertes. Todos nos hemos dado contra la pared y ahora lo agradecemos. La gratitud alimenta la fe. Mientras más cultives la gratitud por las experiencias de vida, más fe tendrás. Celebra sintiendo gratitud por tus experiencias —no sólo por las buenas, sino también por las difíciles. Esos momentos son los que probablemente más te han permitido crecer.

Cada día tienes la opción de elegir entre tener fe o tener miedo. Elige la fe. Mientras más veces optes por ella más fuerte serás y menos poder tendrán los miedos sobre ti. Persiste. Tu fe es el activo más grande. Aliméntala y encuentra la libertad.

> *Los emprendedores asumen riesgos porque tienen fe.*

> *Los empleados optan por la seguridad porque temen.*

¿AHORA QUÉ?

Visita www.keithcameronsmith.com y firma para obtener la *Wise Distinctions Newsletter*[1] para seguir desarrollando tu mentalidad financiera y tu libertad personal. También recibirás noticias sobre eventos en los que puedes conocerme en persona.

Comparte este libro con la gente importante para ti. Discute las diferencias, y pregunta qué diferencias consideran más importantes en su situación actual.

Lee este libro una vez más dentro de un mes y riega las semillas que acabas de plantar en tu mente. Me gusta que mis libros sean cortos y dulces para que puedas leerlos una y otra vez.

Invierte en el taller llamado La sabiduría crea libertad,[2] en disco compacto, que incluye todo lo que enseño en *Las 10 principales diferencias entre los millonarios y la clase media*. En este curso encontrarás las principales razones por las que unas personas llegan a obtener la libertad financiera, en tanto que otras no.

---

[1] Carta Informativa de las Distinciones Sabias.

[2] Wisdom Creates Freedom

SOBRE EL AUTOR

Keith Cameron Smith es empresario y orador inspiracional que enseña sobre sus principios de la vida exitosa a individuos y compañías de todo Estados Unidos. Es autor de *El espíritu millonario* y *Las 10 principales diferencias entre los millonarios y la clase media*, entre otros títulos. Vive en Ormond Beach, Florida, con su esposa y sus dos hijos.

Para más información visita www.keithcameronsmith.com

Este libro se terminó de imprimir en el mes de
Marzo de 2013 en Edamsa Impresiones S.A. de C.V.
Av. Hidalgo No. 111, Col. Fracc. San Nicolás Tolentino C.P. 09850,
Del. Iztapalapa, México, D.F.